Stationenlernen Erdkunde

Klasse 5/6

6. Auflage 2025

Inhalt: Rudi Lütgeharm
Coverbild: © 1xpert, volondoff & flas100 - AdobeStock.com
Redaktion: Kohl-Verlag
Grafik & Satz: Kohl-Verlag
Druck: Druckerei Flock, Köln

Bestell-Nr. 12 328

ISBN: 978-3-96624-002-4

Bildnachweise © AdobeStock.com

Seite 3: vil1605; **Seite 5:** evgenyi; **Seite 7:** vil1605; coramax; sunt; virtua73; **Seite 9:** Oliver Hauptstock; skarida; **Seite 10:** skaridc; **Seite 11/12:** bakhtiarzein; evgenyi; languste15; Oliver Hauptstock; Audrius Merfeldas; **Seite 13:** sunt; Artalis-Kartografie; **Seite 14:** leremy (10x); Artalis-Kartografie; **Seite 15:** evgenica; Wiktoria Matynia; ONYXprj **Seite 19/20:** Artalis-Kartografie (12x); **Seite 21:** bonandbon; evgenica; mostwest; ylivdesign; **Seite 22:** Sonya Illustration; evgenica (6x); **Seite 23/24:** Artalis-Kartografie; evgenica; **Seite 25:** stas111; Tarik GOK; **Seite 26:** Andrey Shevchenko; ii-graphics (2x); Artalis-Kartografie; **Seite 27:** pyty; **Seite 28:** rammi76; Ipsimus; malachy120; **Seite 29:** sunt; **Seite 31:** pyty; **Seite 32:** eyetronic; Henry Czauderna; Wolfilser; Noppasinw; **Seite 33:** entelechie; **Seite 34:** blende11.photo; Hans Peter Denecke; **Seite 35:** Artalis-Kartografie (8x); **Seite 36:** schwabenblitz (6x); **Seite 37:** ii-graphics; **Seite 38:** Artalis-Kartografie; **Seite 39:** pyty; **Seite 40:** schwabenblitz; **Seite 41/42:** ii-graphics (32x); Artalis-Kartografie (6x); **Seite 43/44:** daw666 (24x); **Seite 45/46:** Circumnavigation; Gerhard1302; auergraphics; PictureArt; **Seite 47/48:** Mandy;hpunkt_de (8x); **Seite 49/50:** Artalis-Kartografie (4x); **Seite 51/52:** Arid Ocean (2x); **Seite 54:** Arid Ocean; **Seite 55:** skarida; **Seite 57:** stockdevil (bearbeitet); **Seite 58:** fotokik; **Seite 59:** Sergey Novikov; tauav; **Seite 60:** urbanbalazs; **Seite 61:** Artalis-Kartografie; **Seite 62:** Anton Balazh; Artalis-Kartografie; **Seite 63/64:** Artalis-Kartografie; elenvd (6x); stas111; **Seite 65/66:** Alexandr Bakanov (6x); BooblGum (4x); Terriana (2x); Artalis-Kartografie (6x); **Seite 67/68:** Ingo Menhard; **Seite 69:** Arid Ocean; **Seite 70:** Arid Ocean; evgenica; **Seite 71/72:** Artalis-Kartografie (10x).

Bildnachweise © wikipedia gemeinfrei

Seite 17/18: J._VERMEER_-_El_geógrafo_(Museo_Städel,_Fráncfort_del_Meno,_1669), **Seite 53:** Europe_on_the_globe_(red).svg_TUBS, **Seite 56:** Europe_capitals_map_de_UserHighpriority, **Seite 60:** Europe_topography_map_San Jose.

Kontakt: Kohl-Verlag, An der Brennerei 37-45, 50170 Kerpen
Tel: +49 2275 331610, Mail: info@kohlverlag.de

Inhalt

Stationenlernen Erdkunde / Klasse 5-6
Deutschland & Europa – Bestell-Nr. 12 328
KOHL VERLAG

Vorwort und Einführung

„Es ist nichts, was den geschulten Verstand mehr kultiviert und bildet, als Geographie."

Die Geographie vertritt das Reisen und erweitert den Gesichtskreis nicht wenig. Sie macht uns zu Weltbürgern und verbindet uns mit den entferntesten Nationen. Ohne sie sind wir nur auf die Stadt, die Provinz, das Reich eingeschränkt, in dem wir leben. Ohne sie bleibt man, was man auch gelernt haben mag, beschränkt, begrenzt, beengt. Nichts bildet und kultiviert den gesunden Verstand mehr als Geographie.

Immanuel Kant, deutschsprachiger Philosoph der Aufklärung, 1724 – 1804

Die Inhalte dieses Buches knüpfen an die Kenntnisse, Erfahrungen und an das Wissen der Schüler aus dem Sachunterricht der Grundschule an und behandeln die Kernthemen der Lehrpläne Erdkunde für die Klassen 5/6.

Die Schüler lernen das Fach Erdkunde/Geographie als neues eigenständiges Unterrichtsfach kennen und setzen sich zunächst mit den zentralen Medien des Erdkundeunterrichts auseinander, z.B. Aufbau des Atlas, Globus als Modell der Erde, vom Luftbild zur Karte, unterscheiden topografische, physische und thematische Karten.

Geographische und geowissenschaftliche Phänomene wie z.B. Klimawandel, Erdbeben, Hochwasser und Stürme, aber auch Globalisierung, europäische Integration, Bevölkerungsentwicklung, Migration, Disparitäten (Ungleichheit, Verschiedenheit) und Ressourcenkonflikte prägen unser Leben und unsere Gesellschaft auf dem Planeten Erde in vielen Bereichen.[1]

Um die o.g. Themen besser zu verstehen und evtl. Folgerungen daraus zu ziehen, benötigen die Schüler u.a. ein Grundlagenwissen über folgende Themenbereiche: Atlas und Karten – „etwas im Atlas nachschlagen", Symbole und Maßstab, Deutschland und Europa im Überblick etc.

Dieses Buch vermittelt grundlegendes Wissen und fördert das handlungsorientierte Lernen. Die Vielfalt der Aufgabenstellungen an den jeweiligen Stationen wird den unterschiedlichen Lernvoraussetzungen der Schüler gerecht und sorgt für zusätzliche Motivation.

Viel Freude und Erfolg beim Einsatz der Stationen und der Bearbeitung/Lösung der Aufgaben wünschen Ihnen das Kohl-Redaktionsteam und

Rudi Lütgeharm

[1] Nieders. Kultusministerium: Kerncurriculum für das Gymnasium – Schuljahrgänge 5-10 – Erdkunde, S. 5

Didaktisch-methodische Hinweise –
Lehrplan Klasse 5/6

Unter Einbeziehung des Vorwissens der Schüler aus dem Sachunterricht der Grundschule erwerben die Schüler der Jahrgangsstufe 5 grundlegende erdkundliche Kenntnisse, Fertigkeiten und Einstellungen. Dabei wird der Blick von der Erde als Ganzes bis in den Nahraum (Heimatraum) gelenkt.

Es wird an die Erfahrungen und das erworbene Wissen der Grundschule angeknüpft und zunächst wiederholt. Begriffe wie Windrose, Himmelsrichtungen, Stadt- bzw. Wanderkarte, Maßstab, mein Schulweg, mein Bundesland werden angesprochen und gewährleisten einen reibungslosen und erfolgreichen Einstieg in das neue Fach Erdkunde.

Das erste Kapitel „Erste Schritte in Erdkunde“ in diesem Buch beschäftigt sich schwerpunktmäßig mit diesen Themen/Inhalten. Diese einführenden Aufgaben dienen zur Ermittlung der Vorkenntnisse der Schüler, damit sich der Lehrer „ein Bild“ machen kann.

Anschließend werden die Schüler Schritt für Schritt an zentrale Themenfelder/Kernthemen des neuen Faches Erdkunde herangeführt und befähigt, sich im Raum zu orientieren und auf der Grundlage topographischer Kenntnisse Lagebeziehungen aufzubauen.

Die Schüler beschreiben die Lage geographischer Objekte und Räume vorwiegend nach **Himmelsrichtungen** und stellen einfache Lagebeziehungen her. Sie erlernen Fähigkeiten im Umgang mit dem **Schulatlas** und können seine Suchinstrumente benutzen. Die Schüler sind in der Lage, **thematische und physische Karten** mittels traditioneller und digitaler Medien zu lesen. Dabei erlernen sie den Umgang mit der **Maßstabsleiste** und das Messen von Entfernungen.[1]

Die hier exemplarisch ausgewählten Auszüge aus dem „Lehrplan Oberschule Sachsen“ und dem „Kerncurriculum für die Oberschule Niedersachsen“ veranschaulichen, welche Themenbereiche im Geographieunterricht in den Schuljahrgängen 5 und 6 behandelt werden sollten.

Sachsen: Übersicht über die Lernbereiche[2]

Klassenstufe 5		**Klassenstufe 6**		**Sachsen**
Lernbereich 1	Unsere Erde[3]	Lernbereich 1	Europa im Überblick	
Lernbereich 2	Orientierung in Deutschland	Lernbereich 2	Klima und Vegetation	
Lernbereich 3	Nord- und Ostseeküste	Lernbereich 3	Im Norden Europas	
Lernbereich 4	Tiefland	Lernbereich 4	Europa: Atlantik bis Ural	
Lernbereich 5	Ausgewählte Ballungsgebiete	Lernbereich 5	Im Alpenraum	
Lernbereich 6	Mittelgebirgsland	Lernbereich 6	Im Süden Europas	

Niedersachsen: Die folgende Übersicht veranschaulicht, welche Anforderungen die Schüler am Ende des Schuljahrgangs 6 erfüllen sollen.

Niedersachsen

Erkenntnisgewinnung durch Methoden (M)[4]	**Am Ende von Schuljahrgang 6** Die Schülerinnen und Schüler
M1 Informationsgewinnung	– entnehmen geographisch relevante Informationen aus Karten, Diagrammen, Texten, Bildern und Filmen.

Kommunikation (K)[5]	**Am Ende von Schuljahrgang 6** Die Schülerinnen und Schüler
K1 Verstehen und sich ausdrücken	– geben einfache geographische Sachverhalte und Fachbegriffe mit eigenen Worten wieder. – wenden geographische Fachbegriffe sachgerecht an.

Räumliche Orientierung(O)[6]	**Am Ende von Schuljahrgang 6** Die Schülerinnen und Schüler
O1 Räumliches Orientierungs-system	– erklären das Gradnetz und wenden es als Orientierungsraster an. – beschreiben die Lage von Kontinenten und Ozeanen. – beschreiben die Lage von bedeutenden Städten, Gebirgen und Gewässern in Niedersachsen, Deutschland und Europa. – gliedern Niedersachsen, Deutschland und Europa nach Großlandschaften. – gliedern Deutschland und Europa politisch.

[1] Staatsministerium für Kultus – Freistaat Sachsen: Lehrplan Oberschule – Geographie Kl. 5, S. 7
[2] Staatsministerium für Kultus – Freistaat Sachsen: Lehrplan Oberschule – Geographie Kl. 5
[3] Der Lernbereich „Erde“ wird ausführlich behandelt in: „Die Erde – der blaue Planet“, Kohl-Verlag, Bestell-Nr. 12298
[4] Nieders. Kultusministerium: Kerncurriculum für die Oberschule – Schuljahrgänge 5-10 Erdkunde S. 16
[5] ebd., S. 17
[6] ebd., S. 19

Didaktisch-methodische Hinweise – Lehrplan Klasse 5/6

Länderübergreifend werden in den Lehrplänen/Curricula für die Klassen 5/6 u.a. folgende thematische Kernthemen/inhaltliche Schwerpunkte aufgeführt.

Themen Klasse 5
Atlanten und Globen zielsicher nutzen, um topographische Elemente zu finden
Planet Erde, seine besondere Stellung im Sonnensystem[3]
Grobgliederung der Erdoberfläche und des Erdinneren
Maßstab und Karte
Lesen und Auswerten von physischen, topographischen und thematischen Karten, Bildern und Diagrammen
Deutschland - seine Bundesländer mit Hauptstädten
Bundesländer – Größe und Einwohnerzahlen
Flüsse, Kanäle und Seen in Deutschland
Berge und Gebirge in Deutschland
Meere und Küsten
Die Alpen

Themen Klasse 6
Europa im Überblick
Staaten Europas und ihre Hauptstädte
Europa zwischen Atlantik und Ural
Flüsse und Gebirge in Europa
Meere und Meeresteile in Europa
Klima und Vegetation
Im Norden Europas
Im Süden Europas
Europa – Gemeinsamkeiten/Unterschiede – Währung, Wirtschaft, Verkehr etc.
Vielfalt Europas – Chancen und Probleme

Ein besonderer Schwerpunkt im Fach Erdkunde in der Klasse 5 ist das Kennenlernen und Anwenden geographischer Arbeitstechniken und Arbeitsweisen. Dazu gehört die Nutzung des Atlas, die Kartenarbeit, das Lesen einfacher topographischer, physischer, thematischer Karten und das Zeichnen von Kartenskizzen.

Die Schüler lernen den Umgang mit dem Atlas und erkennen dabei, dass der Atlas in verschiedene Teile gegliedert ist:

- Kartenverzeichnis
- Kartenteil
- Sachwortregister
- Namensregister

Vorkenntnisse der Schüler

Der Fachlehrer muss bei der Planung und Gestaltung der Stationen die unterschiedlichen Vorkenntnisse seiner Schüler berücksichtigen. Welche Begriffe/Inhalte sind den Schülern aus der Grundschule schon bekannt und welches Wissen haben sich die einzelnen Schüler selbst angeeignet (Gespräche im Elternhaus, Internet, Fernsehen, Zeitschriften usw.)?

Die meisten Schüler haben die Begriffe wie Klimawandel, Erdbeben, Hochwasser, Stürme, Migration (Flüchtlinge), Bevölkerungsentwicklung, Globalisierung usw. im Rundfunk, Fernsehen und durch Meldungen auf ihrem Computer schon gehört. Manche Schüler können mit diesen Begriffen etwas anfangen und haben sogar Vorwissen und Kenntnisse über die von Menschen verursachten Probleme auf der Erde, z.B. zu Klimawandel, Abholzung des Regenwaldes, Überfischung der Meere, Abschmelzen der Gletscher usw. Andere Schüler können damit wenig anfangen.

Die Schüler erwerben grundlegende Kenntnisse und Fähigkeiten. Sie lernen „Karten zu lesen“, dort Symbole zu erkennen, den Maßstab zu deuten und sich räumlich in Deutschland und in Europa zu orientieren.

Natürlich bleibt die Planung und methodische Umsetzung jedem Lehrer selbst überlassen, die er aufgrund seiner Erfahrungen und unter Berücksichtigung der Schüler in seiner Klasse erstellt und durchführt. Dieses Buch soll dabei unterstützen und stellt ein interessantes und vielfältiges Angebot in Form von Stationenlernen zur möglichst eigenständigen Bearbeitung und Umsetzung bereit.

Die Fähigkeit zur räumlichen Orientierung wird durch den Geographieunterricht maßgeblich gefördert.[7]

Karten spielen im Geographieunterricht eine herausragende Rolle. Die Kartenkompetenz hat nicht nur eine hohe Relevanz für den Alltag, sondern sie ist auch eine Basisqualifikation für andere Unterrichtsfächer.

Der Fachlehrer sollte seinen Schülern klarmachen, dass sie geographische Informationen in Atlanten, Internet, Sachbüchern, Presse und CDs/DVDs finden. Jeden Tag kann man z.B. Satellitenbilder über das Wetter im Fernsehen beobachten.

[7] Deutsche Gesellschaft für Geographie: Bildungsstandards im Fach Geographie für den mittleren Schulabschluss – S.16.

Hinweise zum Einsatz des Buches

Die Inhalte der einzelnen Stationen in diesem Buch decken die Kernthemen der Lehrpläne im Fach Erdkunde für die Klassen 5/6 ab. Durch die Vielfalt der Aufgaben und der damit verbundenen unterschiedlichen Lösungswege wird ein erfolgreiches Lernen für alle Schüler möglich. Die hier vorgestellten Stationen und Materialien sind auch für fachfremd unterrichtende Lehrer geeignet.

- Stationenlernen ist handlungsorientiert und fördert das selbstständige Lernen eines jeden Schülers.
- Gleichzeitig werden typische geographische Arbeitsweisen geübt und inhaltliche Lernziele erreicht.
- Gerade im Fach Erdkunde kann das Stationenlernen gut eingesetzt werden, weil die ausgewählten Themen durch die Gestaltung der Stationen interessant und auch leistungsgerecht formuliert werden.

Hinweise und Tipps zum Stationenlernen

- Kleinschrittiges Lernen ist charakteristisch.
- Die Aufgabenstellungen sind überschaubar (Arbeitszeit 20-30 Min.) und ihre Lösbarkeit für den Schüler einsehbar.
- Lernfortschritte ergeben sich durch die Abfolge der Stationen. Jede Aufgabe stellt nur einen Mosaikstein des Gesamten dar.
- Die Reihenfolge der Stationen ist nicht verbindlich festgelegt.
- Zu jeder Station liegen Aufgaben in schriftlicher Form vor, die evtl. benötigten Hilfsmittel (Atlas, Karten etc.) werden genannt.
- Die Auswertung und Kontrolle an der Station erfolgt unmittelbar nach der Bearbeitung der Aufgaben.
- Normalerweise bearbeitet jeder Schüler die Aufgaben an seinem Pult. Es ist aber auch möglich in Kleingruppen (3-4 Schüler) zu arbeiten (Platzangebot berücksichtigen).
- Der Lehrer beaufsichtigt das Stationenlernen und unterstützt evtl. durch Hilfen, falls erforderlich.
- Die bearbeiteten Stationen werden vom Schüler (oder Lehrer) auf dem Stationenlaufzettel eingetragen.
- Das Blatt mit den bearbeiteten Aufgaben heftet jeder Schüler in seiner Erdkundemappe ab, dadurch ergibt sich ein Gesamtbild über die behandelten Themen/Kapitel.

Jedes Kapitel hat einen thematischen Schwerpunkt, der ausführlich und schülergerecht angesprochen und erläutert wird, damit die sich anschließenden Aufgaben durch die Schüler gelöst werden können. Jedes Kapitel beinhaltet verschiedene Stationen in leicht verständlicher Form, die die Schüler unter Einsatz des Atlas, ihres Schulbuches, des Internets und natürlich unter Einsatz dieses Buches bearbeiten sollen. An jeder Station erhalten die Schüler zunächst ausführliche Angaben/Infos zum jeweiligen Thema, leicht verständliche Aufgabenstellungen sowie Arbeits- und Lösungsblätter.

Die Kenntnisse und das Wissen der Schüler wird so Schritt für Schritt erweitert. Unter Berücksichtigung der unterschiedlichen individuellen Voraussetzungen erfolgt eine differenzierte Aufgabenstellung an den Stationen. In der Regel sind die Stationen ohne große Vorarbeit im Unterricht einsetzbar. Schaubilder und die schon erwähnten handlungsorientierten Aufgaben werden sich verstärkend auf die Motivation der Schüler auswirken.

Stationen / Aufgaben

Die Stationen weisen keine fortlaufende Nummerierung auf, um einen flexiblen Einsatz zu ermöglichen und auch dem unterschiedlichen Vorwissen der Schüler gerecht zu werden.

Um aber möglichst allen Schülern das neue Fach Erdkunde nahezubringen, ein erdkundliches Grundwissen und den Umgang mit typischen geographischen Arbeitsweisen zu vermitteln, ist es ratsam, Kapitel für Kapitel zu erarbeiten und gleich im Anschluss die Aufgaben der jeweiligen Station zu bearbeiten.

Die Stationen können in Einzel-, Partner- oder Kleingruppenarbeit bearbeitet werden.

Differenzierung der Aufgabenstellung

Um allen Schülern die Möglichkeit der aktiven Mitarbeit zu ermöglichen, weisen die Aufgabenstellungen unterschiedliche Schwierigkeitsstufen auf.

 Grundlegendes Niveau  Mittleres Niveau  Erweitertes Niveau

Die Zuordnung zu einer Schwierigkeitsstufe beruht auf eigenen Erfahrungen und ist nur ein Vorschlag, den der „Lehrer vor Ort“ unter Berücksichtigung seiner Klasse anders vornehmen kann.

Lösungen

Die Lösungen der Aufgaben folgen grundsätzlich immer auf der Rückseite, sodass eine Korrektur schnell erfolgen kann. Die Korrektur kann vom Schüler selbst, vom Partner, einem anderen Mitschüler oder natürlich auch vom Lehrer vorgenommen werden.

Stationenlernen Erdkunde / Klasse 5-6
Deutschland & Europa – Bestell-Nr. 12 328

Übersicht über die Stationen

Erste Schritte in Erdkunde			
Aufgaben-Nr.	*Stationsname*	*Niveau*	*Seite*
1-4	Begriffe und Abbildungen auf der Karte (1)	⊙ !	9-10
1-3	Begriffe und Abbildungen auf der Karte (2)	⊙	11-12

Werkzeug Atlas			
Aufgaben-Nr.	*Stationsname*	*Niveau*	*Seite*
1-2	Im Atlas mit Karten zurechtfinden (1)	⊙	17-18
1-4	Im Atlas mit Karten zurechtfinden (2)	⊙ !	19-20
1-7	Maßstab verstehen und auf der Karte anwenden (1)	⊙ !	21-22
1-2	Maßstab verstehen und auf der Karte anwenden (2)	⊙ !	23-24

Deutschland im Überblick			
Aufgaben-Nr.	*Stationsname*	*Niveau*	*Seite*
1-4	Deutschland „auf einen Blick“	⊙ !	37-38
1-4	Deutschland – Lage und Nachbarstaaten	⊙ !	39-40
1-4	Bundesländer: Hauptstädte, Lage, Fläche, Einwohner (1)	! ✶	41-42
1-2	Bundesländer: Hauptstädte, Lage, Fläche, Einwohner (2)	! ✶	43-44
1-3	Großlandschaften in Deutschland	! ✶	45-46
1-3	Flüsse, Kanäle und Seen	! ✶	47-48
1-3	Gebirge und Berge (1)	! ✶	49-50
1	Gebirge und Berge (2)	✶	51-52

Europa im Überblick			
Aufgaben-Nr.	*Stationsname*	*Niveau*	*Seite*
1-4	Europa „auf einen Blick“	! ✶	63-64
1-4	Staaten, Hauptstädte, Lage, Fläche, Einwohner	! ✶	65-66
1-3	Europäische Union	⊙ ✶	67-68
1-3	Gebirge und Berge in Europa	! ✶	69-70
1-4	Flüsse und Seen in Europa	✶	71-72

Stationenlaufzettel

Name: ______________________________ Datum: ____________________

⊙ **Grundlegendes Niveau**

Aufgaben-Nr.	Stationsname	erledigt	korrigiert

! **Mittleres Niveau**

Aufgaben-Nr.	Stationsname	erledigt	korrigiert

✶ **Erweitertes Niveau**

Aufgaben-Nr.	Stationsname	erledigt	korrigiert

Station

Erste Schritte in Erdkunde

Begriffe und Abbildungen auf der Karte (1)

Aufgabe 1: *Folgende Begriffe werden in diesem Buch erläutert. Ordne sie alphabetisch und erkläre sie kurz im Heft.*

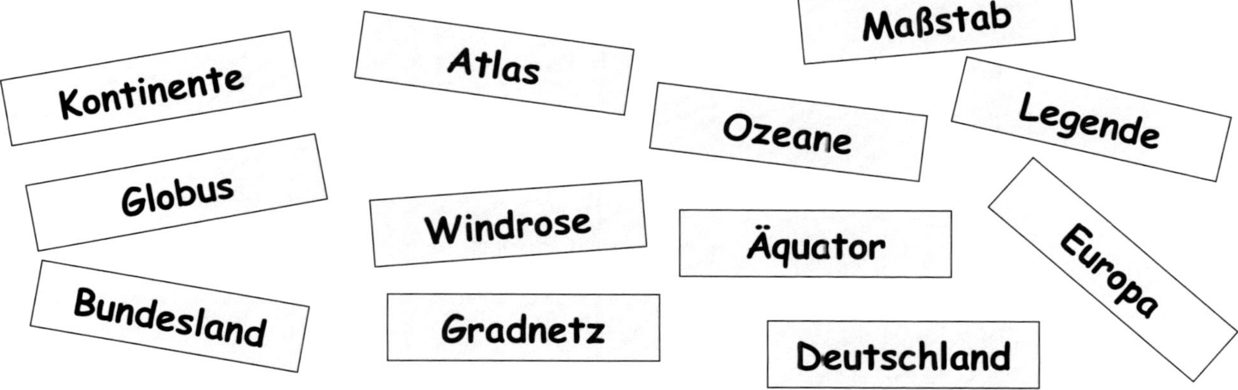

Aufgabe 2: *Verbinde zu Sätzen, die Buchstaben ergeben geordnet die Lösung. (Wir brauchen das.)*

1	Im Fach Erdkunde beschäftigt man sich
2	Erdkunde nennt man auch
3	Der Begriff Geographie bedeutet ins Deutsche übersetzt
4	(Physische und thematische) Karten
5	Geographische (erdkundliche) Informationen

T	Geographie. „Geo" kommt vom griechischen Wort für Erde.
A	spielen im Geographieunterricht eine herausragende Rolle.
A	mit Landschaften, Kontinenten, Ozeanen Gebirgen, Ländern, Flüssen, Wetter und Klima.
S	findet man in Atlanten, im Internet, in Zeitungen und im Fernsehen/Radio.
L	etwa so viel wie „Die Beschreibung der Erde".

Lösung: ☐☐☐☐☐

Aufgabe 3: *Beschrifte die Himmelsrichtungen und Zwischenrichtungen. Male sie unterschiedlich aus.*

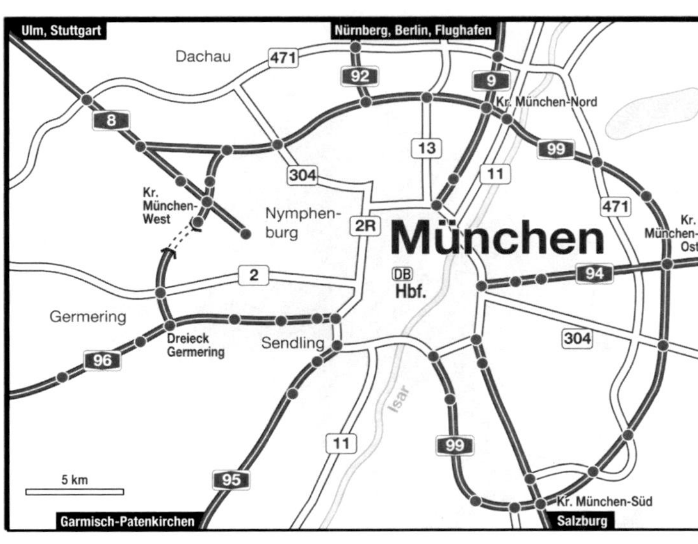

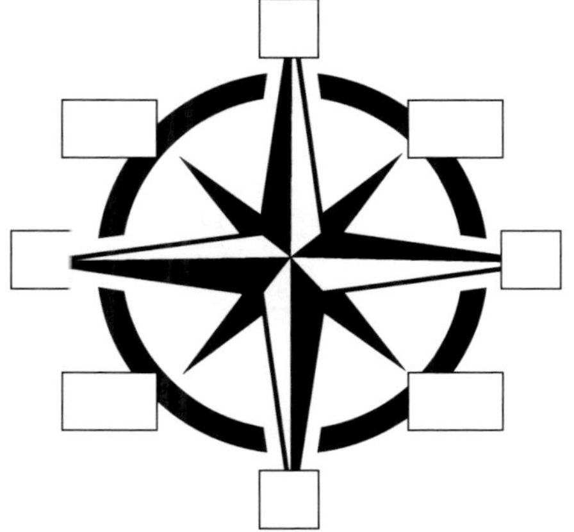

Aufgabe 4: *In welche Richtungen führen die Autobahnen vom Hauptbahnhof aus?*

Die Autobahn A 94 führt nach ________

Die Autobahn A 8 führt nach ________

Die Autobahnen A 92 und A 9 führen nach ________

Stationenlernen Erdkunde / Klasse 5-6 – Deutschland & Europa – Bestell-Nr. 12 328
KOHL VERLAG

Begriffe und Abbildungen auf der Karte (1)

Lösungen

Aufgabe 1: *Äquator:* Der längste Breitenkreis der Erde. Wenn man um die Mitte unseres Planeten eine Linie zeichnet, dann hat man den Äquator. Er unterteilt die Erde in die Nord- und Südhalbkugel.

Atlas: Der Atlas ist ein Buch mit vielen unterschiedlichen Karten.

Bundesland: Deutschland besteht aus 16 Bundesländern.

Deutschland: ist ein Staat in Europa (Mitteleuropa), die Hauptstadt ist Berlin.

Europa: ist einer der 7 Kontinente. Er liegt auf der Nordhalbkugel.

Globus: Das ist eine verkleinerte Darstellung der Erdkugel.

Gradnetz: Breiten- und Längenkreise bilden das Gradnetz der Erde und sind auf Globen und Karten eingezeichnet.

Kontinente: Die Landfläche der Erde setzt sich aus 7 Kontinenten zusammen: Nordamerika, Südamerika, Europa, Afrika, Asien, Australien, Antarktis.

Legende: Symbole auf einer Karte – sie stehen für ganz bestimmte Dinge/Sachen.

Maßstab: Das Maß der Verkleinerung zwischen Karte und Wirklichkeit wird durch den Maßstab angegeben.

Ozeane: Die Wasserfläche der Erde setzt sich aus 3 Ozeanen (und Nebenmeeren) zusammen: Pazifischer Ozean, Atlantischer Ozean, Indischer Ozean.

Windrose: Mit einer Windrose werden die Himmelsrichtungen angezeigt.

Aufgabe 2: Lösungswort: **ATLAS**

Aufgabe 3:

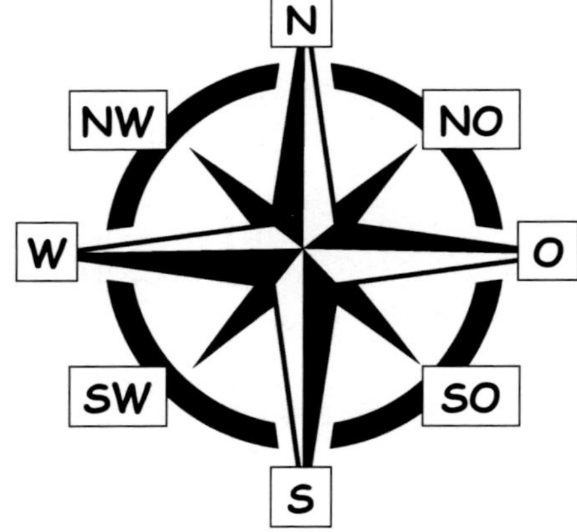

Aufgabe 4:

Die Autobahn A 94 führt nach **O**

Die Autobahn A 8 führt nach **NW**

Die Autobahnen A 92 und A 9 führen nach **N**

KOHL VERLAG
Stationenlernen Erdkunde / Klasse 5-6
Deutschland & Europa – Bestell-Nr. 12 328

Station

Erste Schritte in Erdkunde

Begriffe und Abbildungen auf der Karte (2)

Aufgabe 1: *Trage auf dieser Karte vom Zoo die Himmelsrichtungen und Zwischenrichtungen ein.*

Aufgabe 2: *Beantworte:*

– Der Zooeingang ist im ☐

– Das Elefantengehege ist im ☐

– Das Löwengehege ist im ☐

– der Kiosk ist im ☐

Aufgabe 3: *Verbinde das Bild mit dem passenden Satz.*

Symbole auf einer Karte stehen für ganz bestimmte Dinge, die in der Legende erklärt werden.

Eisenbahn

Fluss

Der Atlas ist ein Buch mit vielen unterschiedlichen Karten.

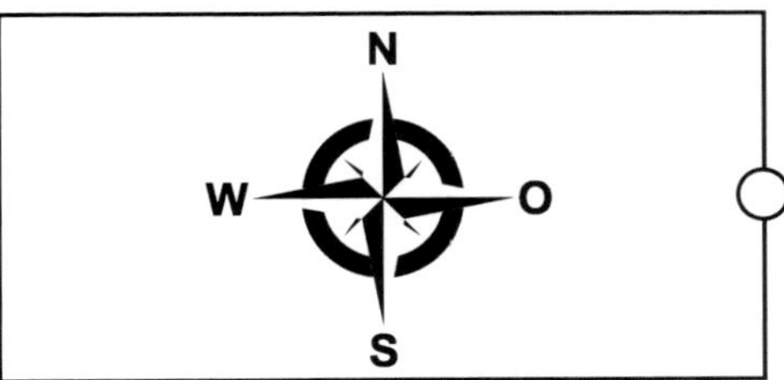

Der Globus ist eine verkleinerte Darstellung der Erdkugel.

Das ist eine Windrose. Damit werden die Himmelsrichtungen angezeigt.

Das ist eine Straßenkarte mit den wichtigsten Straßen in und um Frankfurt.

Stationenlernen Erdkunde / Klasse 5-6
Deutschland & Europa – Bestell-Nr. 12 328
KOHL VERLAG

Station

Erste Schritte in Erdkunde

Lösungen

Begriffe und Abbildungen auf der Karte (2)

Aufgabe 1:

Aufgabe 2:

– Der Zooeingang ist im 

– Das Elefantengehege ist im

– Das Löwengehege ist im 

– der Kiosk ist im 

Aufgabe 3:

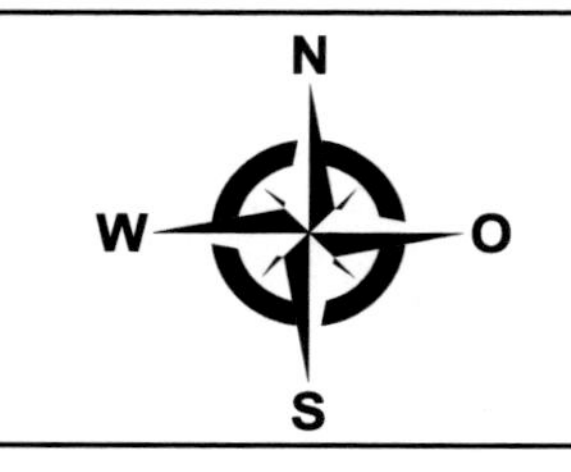

Symbole auf einer Karte stehen für ganz bestimmte Dinge, die in der Legende erklärt werden.

Der Atlas ist ein Buch mit vielen unterschiedlichen Karten.

Der Globus ist eine verkleinerte Darstellung der Erdkugel.

Das ist eine Windrose. Damit werden die Himmelsrichtungen angezeigt.

Das ist eine Straßenkarte mit den wichtigsten Straßen in und um Frankfurt.

Stationenlernen Erdkunde / Klasse 5-6
Deutschland & Europa – Bestell-Nr. 12 328
KOHL VERLAG

Infoblatt

Werkzeug Atlas

Im Atlas mit Karten zurechtfinden

Frage an die Schüler: Was weißt du über den Atlas?

„Ist ein Buch, das Landkarten enthält" oder „Ist ein Buch mit vielen Landkarten".
So könnten die Antworten der Schüler lauten.

Der Atlas (Plural Atlanten) ist eine Sammlung von unterschiedlichen Landkarten. Den ersten Atlas hat Gerhard Mercator erstellt.[1]

Der Atlas ist für jeden Schüler ein wichtiges Hilfsmittel, um sich einen Überblick über die Räume der Erde zu verschaffen und sich zu orientieren. Erfahrungsgemäß macht es den meisten Schülern sehr viel Spaß mit dem Atlas zu arbeiten und sich auf Landkarten zu orientieren. Bei den Aufgaben und Lösungen wurde der „Diercke Weltatlas" – 1. Auflage 2015 – Druck A6/Jahr 2019 verwendet.

Der Atlas ist in verschiedene Teile gegliedert:

Das Kartenverzeichnis: Auf den ersten Seiten des Atlas findet der Schüler ein Verzeichnis aller Karten mit Angabe der Seitenzahlen. Die Karten sind übersichtlich nach Regionen oder nach Themen geordnet.

Der Kartenteil: Neben den Karten über Deutschland findet der Schüler auch Karten über Europa und die anderen Kontinente. Neben den bekannten physischen Karten gibt es auch politische und thematische Karten. Die jeweilige Überschrift gibt Auskunft über den Karteninhalt.

Beispiele: Deutschland – physisch (nördlicher Teil – mittlerer Teil – südlicher Teil)
Deutschland – Wirtschaft — Deutschland – Klima
Deutschland – Landwirtschaft — Deutschland – Verkehr

Das Sachwortregister: Wenn der Schüler Informationen zu einem bestimmten Thema, z.B. „Hann. Münden oder Hannover" sucht, schlägt er im Sachwortregister nach und findet dort die entsprechende Seite und das Planquadrat. Das Register ist in alphabetischer Reihenfolge aufgelistet und enthält alle Namen aus den physischen und politischen Karten.

Beispiel:	Seite	Planquadrat
Hann. Münden	**26,**	**D5**
Hannover	**19,**	**C2**

Beispiel: Politische Karte – Bundesländer der Bundesrepublik Deutschland
Auf politischen Karten sind die einzelnen Länder verschiedenfarbig eingezeichnet.

Beispiel: Physische Karte – Bayern
Auf physischen Landkarten sind Gebirge, Berge, Täler, Ebenen, Flüsse und Seen eingezeichnet. Braun steht für Gebirge und Berge. Tiefland und flache Gegenden sind grün. Flüsse, Seen und Meere erkennt man an blauen Linien bzw. Flächen usw.

[1] Gerhard Mercator: 5. 3. 1515 – 2. 12. 1594. Ein Jahr nach seinem Tod erschien das von ihm zusammengestellte Kartenwerk der damals bekannten Erde, dem er den Namen „Atlas" gegeben hatte.

Stationenlernen Erdkunde / Klasse 5-6
Deutschland & Europa – Bestell-Nr. 12 328
KOHL VERLAG

Infoblatt

Im Atlas mit Karten zurechtfinden

Legende: Am Rand oder unter der Landkarte steht meistens eine Legende, in der die Farben, Symbole und Zeichen erklärt werden. Hier findet man Symbole für Nadel- oder Laubwald, Flüsse, Seen, Parkplätze, Flughäfen, Autobahnen, Eisenbahnstrecken, Hotels usw.

Kleine Städte sind weiße Kreise, mittlere Städte rote Kreise, größere rote mit Punkt und ganz große Städte rote Quadrate. **Die Legende ist eine Art „Gebrauchsanweisung" für die Landkarte, damit man sie besser „Lesen und verstehen" kann.**

Eisenbahn	Brücke	Flughafen	Autobahn	Nadelwald
Laubwald	**Parkplatz**	**Hotel**	**Fluss**	**Museum**
	P	H		

Maßstab: Jede Landkarte hat einen Maßstab, der in der Regel unten auf der Seite steht (Maßstabsleiste). Zum Beispiel beim Maßstab 1 : 100.000 entspricht 1 cm auf der Karte in Wirklichkeit 100.000 cm = 1000 m = 1 km. Der Maßstab gibt uns an, um wievielmal kleiner eine Karte die Wirklichkeit darstellt.

Jede Karte weist in der Regel folgende Gliederung auf:

Kartenname – Koordinatengitter (Planquadrate) – Legende – Maßstabsleiste

Kartenname

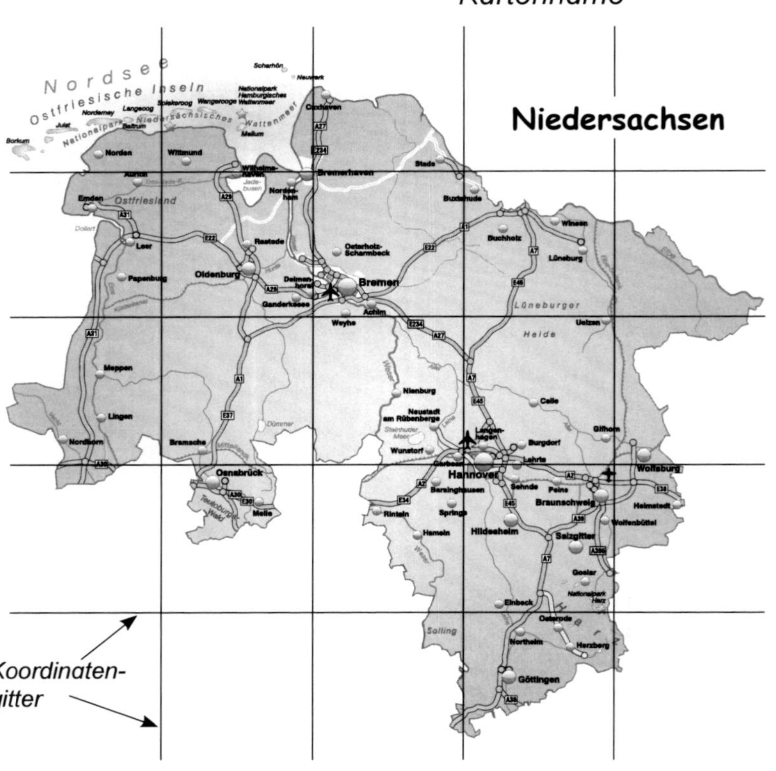

Legende

	Autobahn
	Eisenbahnlinie
	Fluss
	Brücke
	Flughafen
	Stadt
	Mischwald

Maßstabsleiste

Maßstab 1 : 2 000 000
1 cm ≙ 20 km

Infoblatt

Werkzeug
Atlas

Maßstab verstehen und auf der Karte anwenden

Frage an die Schüler: Was ist ein Maßstab? Warum braucht man überhaupt einen Maßstab?

„Häuser, Städte, Straßen, Berge, Flüsse werden verkleinert dargestellt.“ – „Weil sie sonst gar nicht auf ein Blatt Papier passen würden.“
So oder so ähnlich könnten die Antworten der Schüler lauten.

Karten geben die Wirklichkeit in verkleinerter Größe wieder.
Jede Karte ist eine verkleinerte und vereinfachte Darstellung der Erdoberfläche.

Um Schülern den Einstieg und den Umgang mit dem Maßstab zu erleichtern, ist es sinnvoll, von bekannten Gegenständen oder Räumen auszugehen und diese zunächst mit ihren wirklichen Ausmaßen zu nennen oder selbst festzustellen.

Beispiel: Klassenraum
Die Schüler schätzen zunächst die Größe ihres Klassenraumes (Länge und Breite) und messen den Raum danach mit einem Meterstab oder mit einem Maßband aus. Das Ergebnis wird an die Tafel geschrieben.

Ein typischer Klassenraum ist in der Regel 9 m lang und 7 m breit.
Wie stark muss verkleinert werden, damit der Klassenraum von 9 • 7 m auf ein DIN A4-Blatt gezeichnet werden kann? Es passt, wenn die tatsächliche Größe durch 100 geteilt wird.

Entfernungen in der Wirklichkeit kann man nur mit Hilfe des Maßstabes abmessen und ausrechnen.

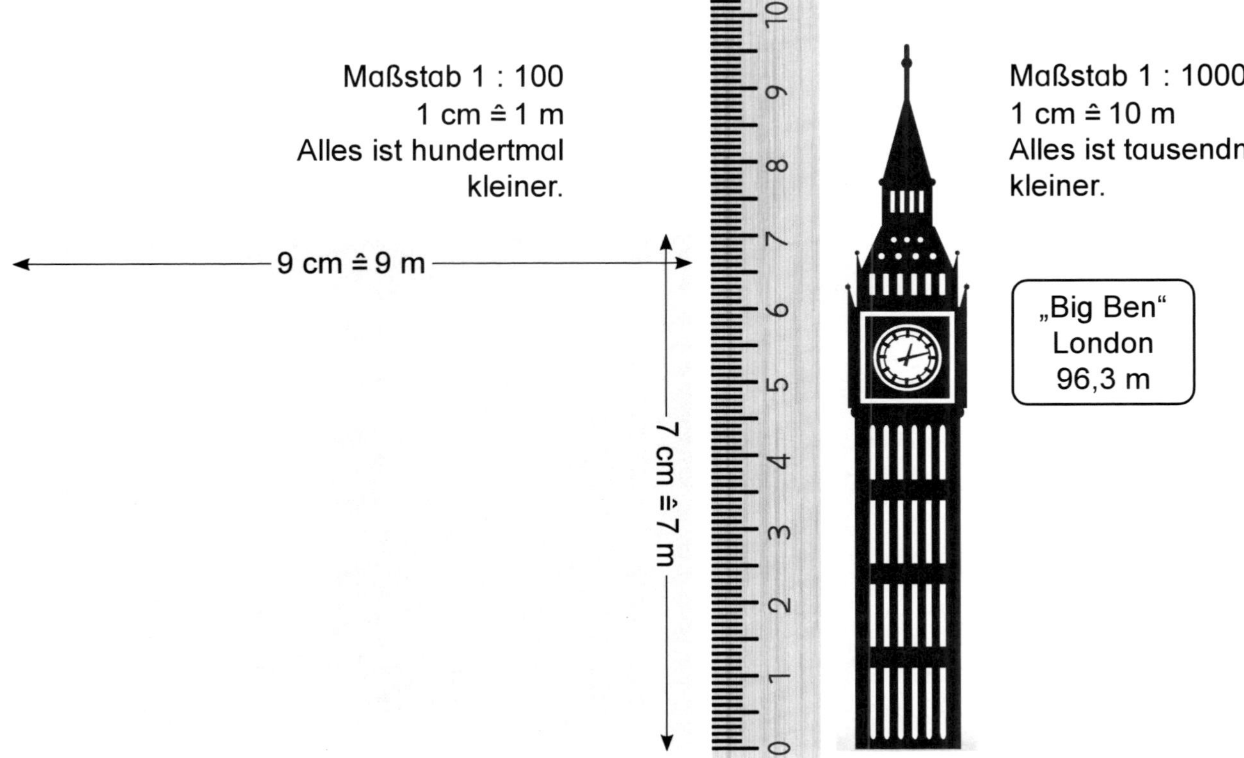

Stationenlernen Erdkunde / Klasse 5-6
Deutschland & Europa – Bestell-Nr. 12 328
KOHL VERLAG

Infoblatt

Maßstab verstehen und auf der Karte anwenden

Die hier genannten Beispiele können im Atlas gesucht und nachgeschlagen werden.

Maßstab	Art der Karte Beispiele	1 cm Karte ≙ in der Natur		
		soviel cm	soviel m	soviel km
1 : 12 500	Leipzig Innenstadtentwicklung	12 500	125	0,125
1 : 25 000	Hamburg Altstadt + Hafenstadt	25 000	250	0,25
1 : 75 000	Hamburg Hafenstadt	75 000	750	0,75
1 : 50 000	Stuttgart Verkehrsbelastung	50 000	500	0,50
1 : 100 000	Langeoog Tourismus	100 000	1000	1
1 : 500 000	Norddeutschland Küstenschutz	500 000	5 000	5
1 : 3 500 000	Deutschland Physische Karte	3 500 000	35 000	35
1 : 7 000 000	Deutschland Straßenverkehr	7 000 000	70 000	70
1 : 36 000 000	EU Wirtschaftskraft	36 000 000	360 000	360

Etwas komplizierter wird es, wenn man auf einer Karte die wirkliche Entfernung zwischen zwei Orten/Städten feststellen will.

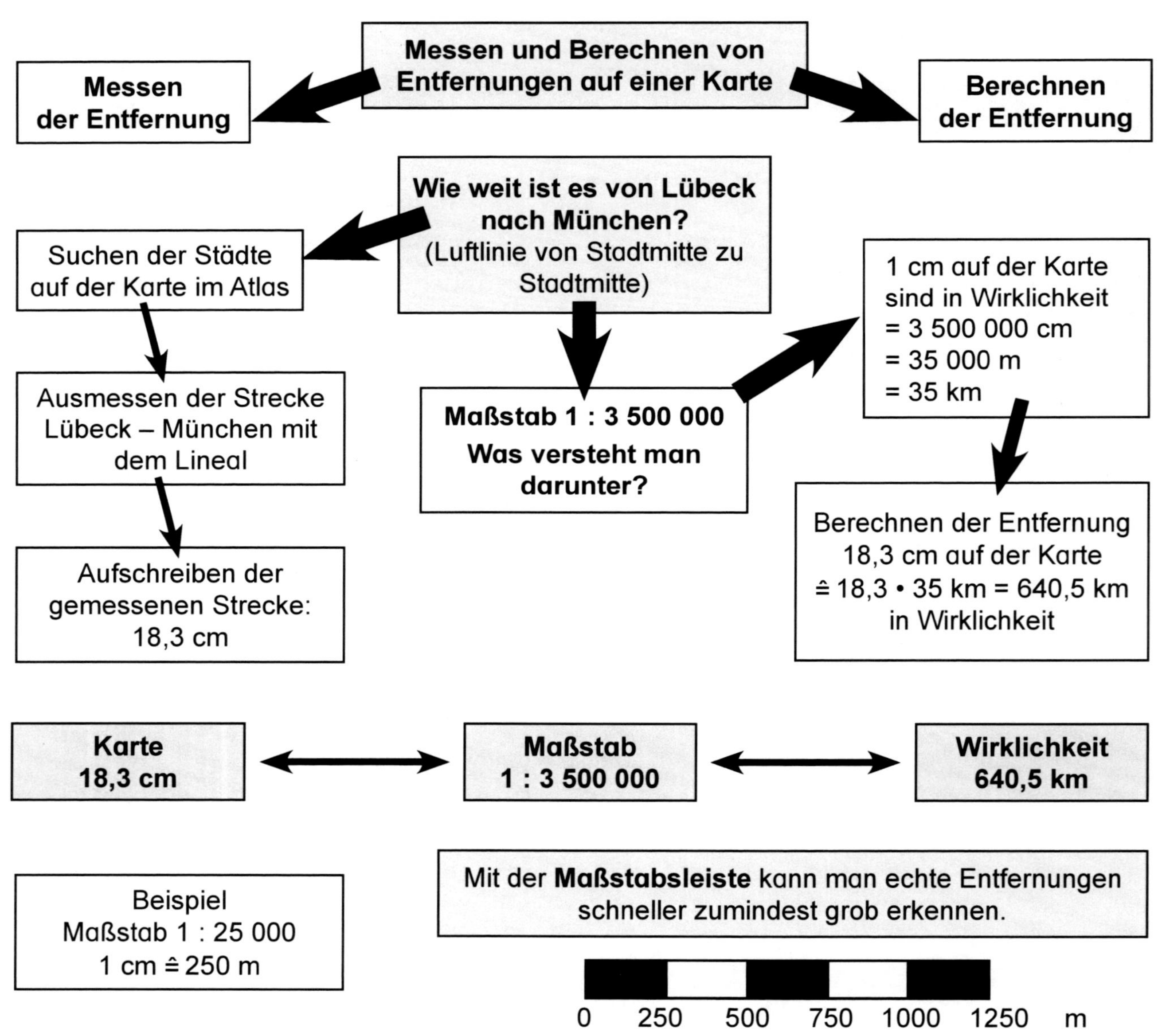

Station

Werkzeug Atlas

Im Atlas mit Karten zurechtfinden (1)

Aufgabe 1: *Verbinde zu Sätzen, die Buchstaben ergeben geordnet das Lösungswort. (Ein Geograph)*

1	Der Atlas
2	Der Atlas enthält verschiedene Teile:
3	Auf politischen Karten
4	Auf physischen Karten
5	Die Legende
6	Jede Landkarte hat
7	Die Landflächen mit verschiedener Höhe
8	Eine thematische Karte ist immer

Buchstabe	Satzende
T	einen Maßstab – er gibt uns an, um wievielmal kleiner eine Karte die Wirklichkeit darstellt.
R	sind die einzelnen Länder in verschiedenen Farben eingezeichnet.
M	ist eine Sammlung von unterschiedlichen Landkarten.
A	ist eine Art Gebrauchsanweisung für die Landkarte, damit man sie besser verstehen und lesen kann.
E	Das Kartenverzeichnis, den Kartenteil und das Sachwortregister.
O	sind in grünen gelben und braunen Farbtönen gezeichnet.
C	sind Gebirge, Berge, Ebenen, Flüsse und Seen eingezeichnet.
R	auf ein spezielles Thema ausgerichtet, z.B. Wetter, Wirtschaft, Verkehr usw.

Lösung: ☐☐☐☐☐☐☐☐

Aufgabe 2: *Kreuze die richtige Antwort an und ergänze den Text.*

a) Eine Legende ist

- ein berühmter Schauspieler ☐
- ein Märchen ☐
- eine Zeichenerklärung auf Landkarten ☐

b) Die Vierecke auf Landkarten nennt man

- Planquadrate ☐
- Legende ☐
- Länderquadrate ☐

c) Die Lehre von der Erstellung von Landkarten nennt man

- Geographie ☐
- Kartographie ☐
- Geologie ☐

d) Ergänze links die Symbole für Städte:

Orte	Einwohner
	über 1 000 000
	500 000 – 1 000 000
	100 000 – 500 000
	unter 100 000

e) Auf einer physischen Karte werden immer die gleichen Farben für bestimmte Dinge verwendet. Gewässer sind immer ____________, Berge und Gebirge sind immer ____________, Städte sind immer ____________.

Stationenlernen Erdkunde / Klasse 5-6 Deutschland & Europa – Bestell-Nr. 12 328
KOHL VERLAG

Station

Werkzeug Atlas

Lösungen

Im Atlas mit Karten zurechtfinden (1)

Aufgabe 1:

1	Der Atlas
2	Der Atlas enthält verschiedene Teile:
3	Auf Politischen Karten
4	Auf physischen Karten
5	Die Legende
6	Jede Landkarte hat
7	Die Landflächen mit verschiedener Höhe
8	Eine thematische Karte ist immer

T	einen Maßstab – er gibt uns an, um wievielmal kleiner eine Karte die Wirklichkeit darstellt.
R	sind die einzelnen Länder in verschiedenen Farben eingezeichnet.
M	ist eine Sammlung von unterschiedlichen Landkarten.
A	ist eine Art Gebrauchsanweisung für die Landkarte, damit man sie besser verstehen und lesen kann.
E	Das Kartenverzeichnis, den Kartenteil und das Sachwortregister.
O	sind in grünen, gelben und braunen Farbtönen gezeichnet.
C	sind Gebirge, Berge, Ebenen, Flüsse, und Seen eingezeichnet.
R	auf ein spezielles Thema ausgerichtet, z.B. Wetter, Wirtschaft, Verkehr usw.

Lösung: M E R C A T O R

Aufgabe 2:

a) Eine Legende ist

- ein berühmter Schauspieler ☐
- ein Märchen ☐
- eine Zeichenerklärung auf Landkarten ☒

b) Die Vierecke auf Landkarten nennt man

- Planquadrate ☒
- Legende ☐
- Länderquadrate ☐

c) Die Lehre von der Erstellung von Landkarten nennt man

- Geographie ☐
- Kartographie ☒
- Geologie ☐

d) Ergänze links die Symbole für Städte:

Orte	Einwohner
	über 1 000 000
	500 000 – 1 000 000
	100 000 – 500 000
	unter 100 000

e) Auf einer physischen Karte werden immer die gleichen Farben für bestimmte Dinge verwendet. Gewässer sind immer **blau**, Berge und Gebirge sind immer **braun**, Städte sind immer **rot**.

Stationenlernen Erdkunde / Klasse 5-6
Deutschland & Europa – Bestell-Nr. 12 328
KOHL VERLAG

Station

⊙ !

Werkzeug Atlas

Im Atlas mit Karten zurechtfinden (2)

Aufgabe 1: *Beantworte die Fragen:*

a) Suche im Kartenverzeichnis: Deutschland – Physische Karte. Nenne die Seite. ________

b) Suche auf dieser Karte die Stadt Hannover und nenne das Planquadrat. __________

c) Jedes Planquadrat auf der Karte hat einen ________________________________.

d) Wie groß ist die Stadt Hannover? ____________________________________

e) Woran erkennt man das? ____.

f) Wie nennt man die Zeichenerklärung auf einer Karte? __________________________

g) Auf einer Landkarte hat jede Farbe eine besondere Bedeutung.

Blau zeigt: ________________________________ Braun zeigt: ___________________________

h) Was ist eine physische Karte? Erkläre mit eigenen Worten. _______________________

____

Aufgabe 2: *Ergänze.*

	Goslar	Ingolstadt
Seite und Planquadrat		
Einwohner		
Stadtsymbol		
Nebenfluss/Mittelgebirge		
Bundesland		

Aufgabe 3: *Bringe die folgenden Aussagen durch Zahlen in die richtige Reihenfolge.*

☐ Suche den Ort im angegebenen Planquadrat.

☐ Merke dir die Angaben beim Namen:
- Seite im Atlas
- manchmal Kartennummer
- Planquadrat des Ortes

☐ Schlage den gesuchten Ort im Namensregister des Atlas nach.

☐ Schlage nun die genannte Kartenseite auf.

Aufgabe 4: *„Lies“ die Karte.*

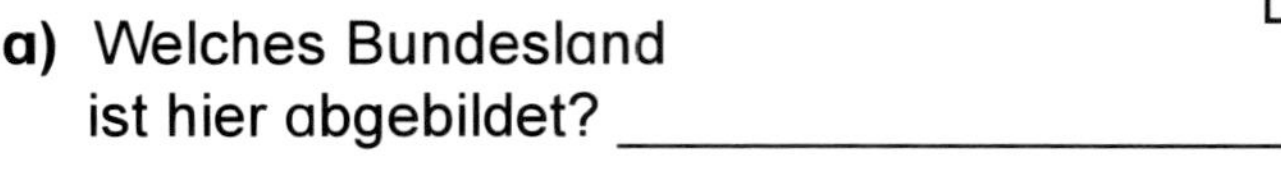

a) Welches Bundesland ist hier abgebildet? ____________________

b) Wie heißt die Hauptstadt dieses Bundeslandes? ________________

c) Für welche Begriffe stehen die folgenden Symbole?

Stationenlernen Erdkunde / Klasse 5-6
Deutschland & Europa – Bestell-Nr. 12 328
KOHL VERLAG

Station

Werkzeug Atlas

Im Atlas mit Karten zurechtfinden (2)

Lösungen

Aufgabe 1:

a) Suche im Kartenverzeichnis: Deutschland – Physische Karte. Nenne die Seite. **Seite 19**

b) Suche auf dieser Karte die Stadt Hannover und nenne das Planquadrat. **C 2**

c) Jedes Planquadrat auf der Karte hat einen **Buchstaben-Zahlen-Code**.

d) Wie groß ist die Stadt Hannover? **500 000 - 1 Mio. Einwohner.**

e) Woran erkennt man das? **Am Symbol roter Kreis mit Punkt.**

f) Wie nennt man die Zeichenerklärung auf einer Karte? **Legende**

g) Auf einer Landkarte hat jede Farbe eine besondere Bedeutung.
Blau zeigt: **Flüsse, Seen, Gewässer** Braun zeigt: **Berge und Gebirge**

h) Was ist eine physische Karte? Erkläre mit eigenen Worten. **Als physische Karte bezeichnet man eine Übersichtskarte, welche die Beschaffenheit der Erdoberfläche darstellt.**

Aufgabe 2:

	Goslar	Ingolstadt
Seite und Planquadrat	S. 26 - E5	S. 27 - F8
Einwohner	< 100 000	100.000 - 500.000
Stadtsymbol	weißer Kreis	roter Kreis
Nebenfluss/Mittelgebirge	Harz	Donau
Bundesland	Niedersachsen	Bayern

Aufgabe 3:

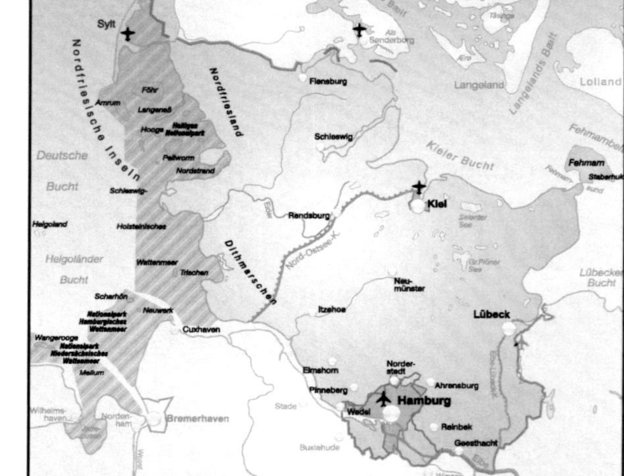

4 Suche den Ort im angegebenen Planquadrat.

2 Merke dir die Angaben beim Namen:
- Seite im Atlas
- manchmal Kartennummer
- Planquadrat des Ortes

1 Schlage den gesuchten Ort im Namensregister des Atlas nach.

3 Schlage nun die genannte Kartenseite auf.

Aufgabe 4:

a) Welches Bundesland ist hier abgebildet? **Schleswig-Holstein**

b) Wie heißt die Hauptstadt dieses Bundeslandes? **Kiel**

c) Für welche Begriffe stehen die folgenden Symbole?

Kanal	**Flughafen**	**große Stadt**	**Fluss**	**See**

Stationenlernen Erdkunde / Klasse 5-6
Deutschland & Europa – Bestell-Nr. 12 328
KOHL VERLAG

Station

⊙ !

Werkzeug Atlas

Maßstab verstehen und auf der Karte anwenden (1)

Aufgabe 1: *Messt mit einem Meterstab oder einem Bandmaß die Größe der zusammengeklappten Wandtafel im Klassenzimmer und fertigt eine Zeichnung von der Tafel mit Maßstab darunter an. In der Regel hat eine normale Wandtafel ein Maß von 200 cm • 100 cm.*

> **Tipp:** Wenn 20 cm in der Wirklichkeit mit 1 cm in der Zeichnung dargestellt werden, kann die **Wandtafel** auf einem DIN A4-Blatt gezeichnet werden.

Aufgabe 2: *„Verkleinere das abgebildete Grundstücksfoto um die Hälfte". Zeichne das Grundstück als Rechteck im Maßstab 1 : 2 mit Bleistift und Lineal. Welche Abmessungen hat die Grundstückszeichnung jetzt auf dem Blatt?*

Aufgabe 3: *Die Länge einer geplanten Brücke soll 120 m sein. In der Zeichnung des Architekten ist ihre Länge 24 cm. In welchem Maßstab ist die Brücke gezeichnet?*

Aufgabe 4: *Auf einer Landkarte mit dem Maßstab 1 : 100 000 ist eine Strecke 25 cm lang. Wie lang ist sie in der Wirklichkeit?*

Aufgabe 5: *Blauwale werden im Durchschnitt 26 m lang, männliche Schwertwale werden bis zu 9,8 m lang. In welchem Maßstab sind die Wale dargestellt?*

Aufgabe 6: *Miss die Entfernung zwischen den Orten A und B und nenne den Maßstab. In Wirklichkeit beträgt die Entfernung 100 km.*

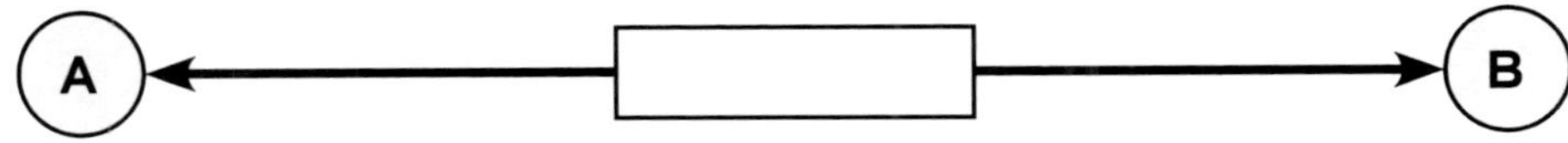

Aufgabe 7: *Zeichne im Maßstab 1 : 3 eine Kopie eines DIN A4-Blattes. Wie oft passt die Zeichnung auf das echte Blatt?*

Station ⊙ !

Werkzeug Atlas

Maßstab verstehen und auf der Karte anwenden (1)

Lösungen

Aufgabe 1:

Maßstab 1 : 20

Aufgabe 2: Das Grundstück ist jetzt 5 cm lang und 2,5 cm breit.

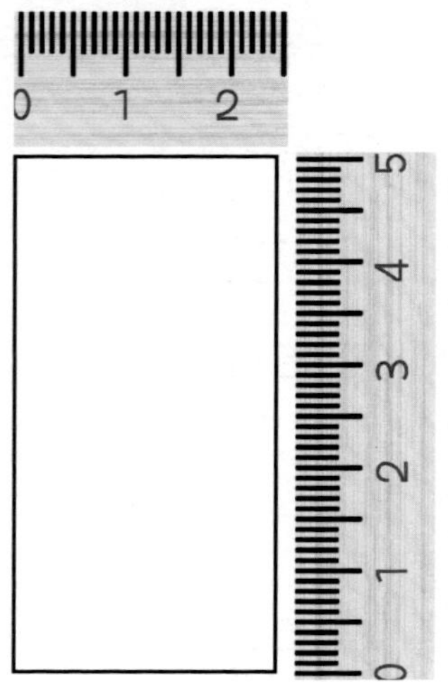

Aufgabe 3:

Wirkliche Länge	Länge in Zeichnung	Rechnung	Maßstab
120 m = 12 000 cm	24 cm	12 000 : 24 = 500	**1 : 500**

Aufgabe 4:

1 cm	100 000 cm = 1000 m = 1 km
25 cm	25 • 100 000 = 2 500 000 = 25 000 m = **25 km**

Aufgabe 5:

1 cm ≙ 2 m. Die beiden Wale sind im Maßstab **1 : 200** abgebildet.

Aufgabe 6:

10 cm werden auf der Karte gemessen. 10 cm ≙ 100 km; 1 cm ≙ 10 km = 10 000 m = 1 000 000 cm. Die Karte ist im Maßstab **1 : 1 000 000** gezeichnet.

Aufgabe 7:

DIN A4 ist
21,0 cm • 29,7 cm.
21 : 3 = 7
29,7 : 3 = 9,9.
Dreimal nebeneinander, dreimal untereinander, also passt es genau **neunmal** auf das DIN A4-Blatt.

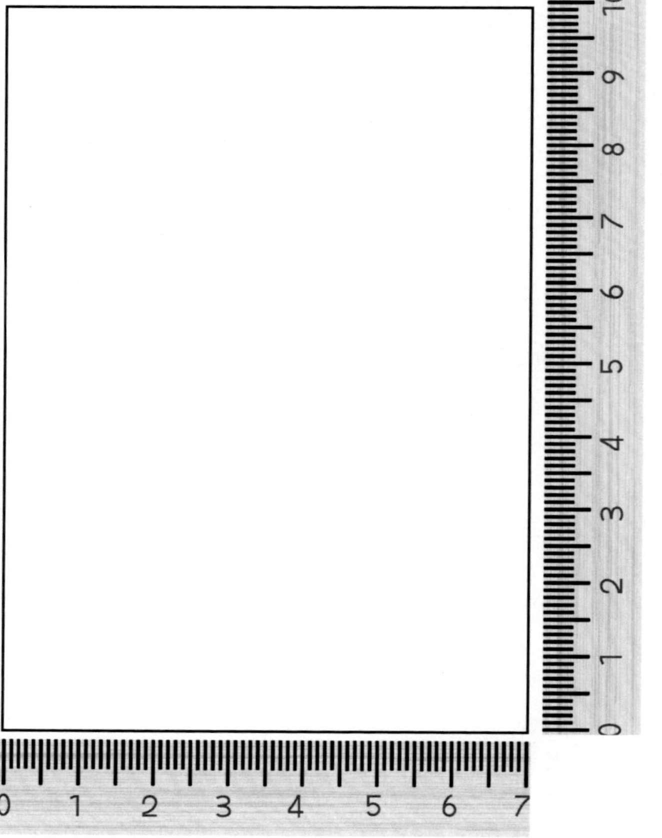

Stationenlernen Erdkunde / Klasse 5-6
Deutschland & Europa – Bestell-Nr. 12 328
KOHL VERLAG

Station

⊙ !

Werkzeug Atlas

Maßstab verstehen und auf der Karte anwenden (2)

Aufgabe 1: *Bestimme jeweils die Entfernung zwischen den beiden Städten.*

Deutschlandkarte – Maßstab 1 : 5 000 000
1 cm ≙ 5 000 000 cm = 50 000 m = 50 km

a) zwischen Kiel und Hannover auf der Karte:

____

in Wirklichkeit:

____

b) zwischen Bremen und Stuttgart auf der Karte:

____

in Wirklichkeit:

____

c) zwischen Düsseldorf und Erfurt auf der Karte:

____

in Wirklichkeit:

____

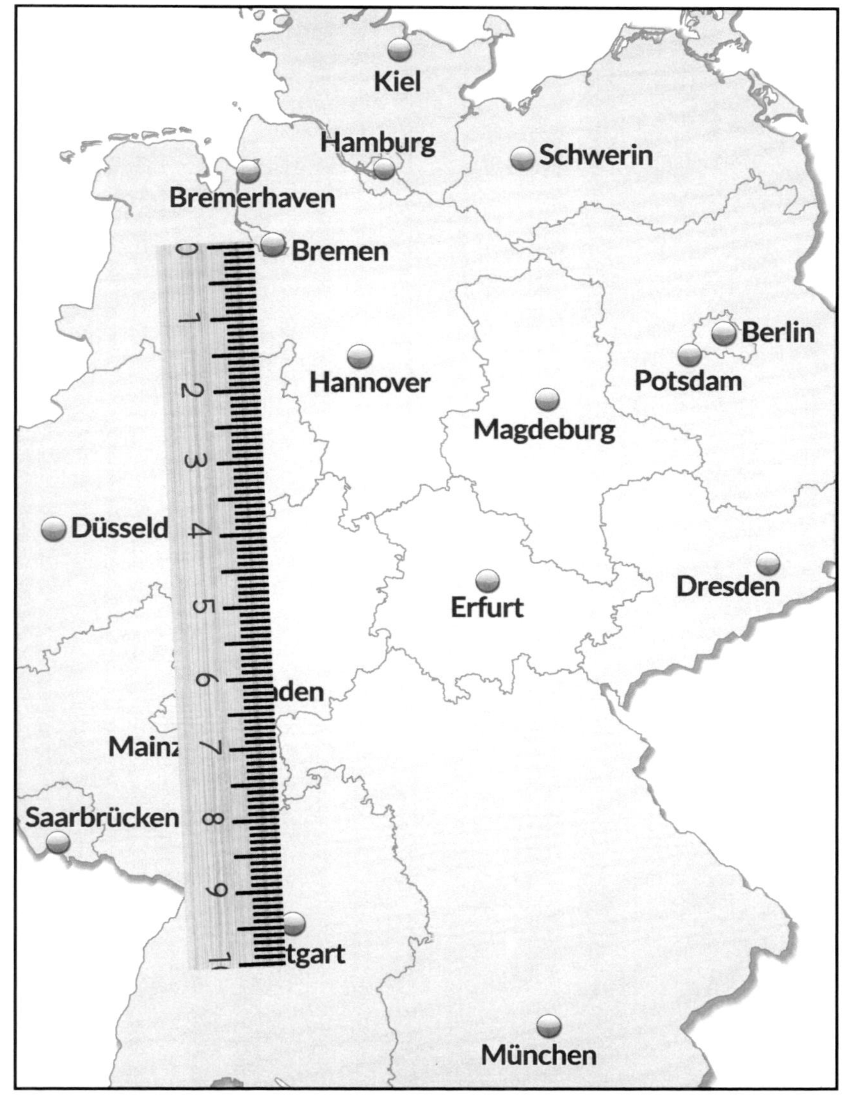

Aufgabe 2: *Ergänze die beiden Tabellen.*

Maßstab	**1 cm auf der Karte sind in Wirklichkeit**		
1 : 40 000			0,4 km
1 : 5000		50 m	
1 : 250 000	cm		

Maßstab	**cm auf der Karte**	**cm/m/km in Wirklichkeit**
1 : 100 000	6 cm	
	10 cm	500 000 cm = 5000 m = 5 km
1 : 25	8 cm	

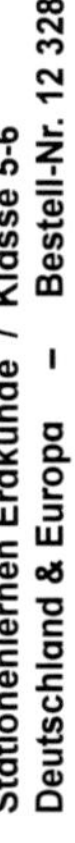

Stationenlernen Erdkunde / Klasse 5-6
Deutschland & Europa – Bestell-Nr. 12 328

Station ⊙ !

Werkzeug Atlas

Lösungen

Maßstab verstehen und auf der Karte anwenden (2)

Aufgabe 1:

a) zwischen Kiel und Hannover auf der Karte:

4,4 cm

in Wirklichkeit:

· 50 = 220 km

b) zwischen Bremen und Stuttgart auf der Karte:

9,5 cm

in Wirklichkeit:

· 50 = 475 km

c) zwischen Düsseldorf und Erfurt auf der Karte:

5,5 cm

in Wirklichkeit:

· 50 = 275 km

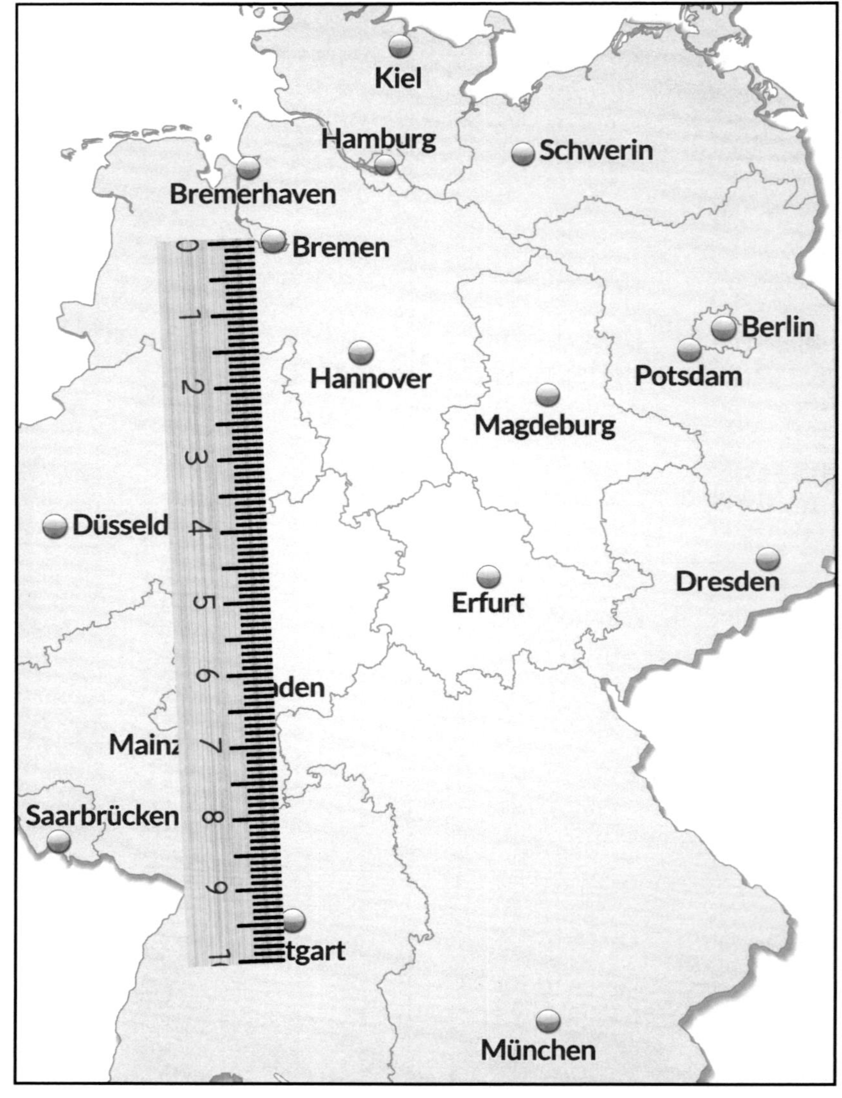

Aufgabe 2:

Maßstab	1 cm auf der Karte sind in Wirklichkeit		
1 : 40 000	**40 000 cm**	**400 m**	0,4 km
1 : 5000	**5 000 cm**	50 m	**0,05 km**
1 : 250 000	**250 000 cm**	**2500 m**	**2,5 km**

Maßstab	cm auf der Karte	cm/m/km in Wirklichkeit
1 : 100 000	6 cm	**600 000 cm = 6000 m = 6 km**
1 : 50 000	10 cm	500 000 cm = 5000 m = 5 km
1 : 25	8 cm	**200 cm = 2 m**

Stationenlernen Erdkunde / Klasse 5-6 – Deutschland & Europa – Bestell-Nr. 12 328
KOHL VERLAG

Infoblatt

Deutschland „auf einen Blick“

Frage an die Schüler: Was weißt du über Deutschland?

„Deutschland besteht aus 16 Bundesländern“ – „Deutschland liegt mitten in Europa“ – „Die Hauptstadt von Deutschland heißt Berlin“ ...

So oder so ähnlich könnten die Antworten der Schüler lauten:

- Die Bundesrepublik Deutschland liegt in Mitteleuropa.
- Deutschland besteht seit 1990 aus 16 Bundesländern.
- Deutschland ist einer der bevölkerungsreichsten Staaten Europas – ca. 83 Millionen Einwohner.
- Deutschland gehört zu den führenden Industrienationen der Welt. Exportgüter sind u.a. Autos, Maschinen, chemische und elektrotechnische Erzeugnisse. Deutschland ist eine der führenden Wirtschaftsmächte mit weltweiten Beziehungen.
- Deutschland ist Mitglied der Eurozone.
- In Deutschland wird die Mitteleuropäische Zeit (MEZ) als Normalzeit (Winterzeit) befolgt.
- Deutschland liegt vollständig in der gemäßigten Klimazone Mitteleuropas im Bereich der Westwindzone und befindet sich im Übergangsbereich zwischen dem maritimen Klima in Westeuropa und dem kontinentalen Klima in Osteuropa.
- Einen Staat mit dem Namen Deutschland gibt es seit 1871. Vorher hatte es viele Fürstentümer gegeben. Nach dem Ende des 2. Weltkrieges (1945) wurde Deutschland in vier Besatzungszonen aufgeteilt. Es entstanden die Bundesrepublik Deutschland und die Deutsche Demokratische Republik (DDR). 1990 kam es zur Wiedervereinigung.
- Deutschland gliedert sich in folgende Großlandschaften: Norddeutsches Tiefland – Mittelgebirge – Alpenvorland – Alpen

- **Hauptstadt:** Berlin
- **Gründungsjahr:** 23. Mai 1949
- **Bevölkerung:** 82,98 Millionen (2018)
- **Fläche:** 357.000 km²
- **Amtssprache:** Deutsch[1]
- **Währung:** Euro (€)
- **Staatsform:** Parlamentarische Demokratie: Die BürgerInnen in einer Demokratie (griechisch für Volksherrschaft) wählen für einen bestimmten Zeitraum VertreterInnen, die dann „im Namen des Volkes“ Entscheidungen treffen.
- **Kennung:** DE (Internet: *.de)
- **Nationalfeiertag:** 3. Oktober (1990) – Tag der deutschen Einheit

Die deutsche Flagge besteht aus drei gleich großen waagerechten Streifen in den Farben: Schwarz, Rot, Gold.
Seit 1990 steht sie für das wiedervereinigte Deutschland.

- Bildung: Das Bildungswesen unterliegt der Kulturhoheit der jeweiligen Bundesländer. Im Allgemeinen gibt es eine vierjährige Grundschule, daran schließen sich die Oberschule bzw. Haupt- und Realschule und das Gymnasium an.
- Die soziale Marktwirtschaft hat sich seit ihrer Einführung nach 1948 in der Bundesrepublik Deutschland bewährt und zu einer vorher nicht gekannten Steigerung des Wohlstandes bei breiten Bevölkerungsschichten und zu einem hohen Maß an sozialer Sicherheit geführt.

[1] Ihr Sprachraum umfasst Deutschland, Österreich, die Deutschschweiz. Liechtenstein, Luxemburg, Ostbelgien, Südtirol, das Elsass und Lothringen (mit unterschiedlichen Anteilen). „Die deutsche Sprache hat auch die meisten Muttersprachler in Europa“.

Stationenlernen Erdkunde / Klasse 5-6
Deutschland & Europa – Bestell-Nr. 12 328
KOHL VERLAG

Infoblatt

Deutschland „auf einen Blick“

- **Religionen:** Christen (68%), Muslime (3,7%), Andere (28,3%).
- Deutschland hat eine Außengrenze von insgesamt 3.790 km.
- Deutschland hat eine Küstenlinie von insgesamt 2.389 km.
- Tiefster Punkt in Deutschland: Der Ort Neuendorf bei Wilster in Schleswig-Holstein = 3,54 m unter dem Meeresspiegel (Normalnull).
- Höchster Punkt in Deutschland: Die Zugspitze = 2.962 m über dem Meeresspiegel.

Zu Deutschland gehören auch

– die in der Nordsee liegenden Ostfriesischen Inseln (Borkum, Juist, Norderney, Baltrum, Langeoog, Spiekeroog, Wangerooge), Helgoland und die Nordfriesischen Inseln (Pellworm, Amrum, Föhr, Sylt);

– die in der Ostsee liegenden Inseln Fehmarn, Poel, Rügen und der größte Teil von Usedom.

51°N

Die Nord-Süd-Entfernung von Flensburg bis zum Bodensee beträgt rund 800 km – siehe senkrecht gestrichelte Linie.

Die West-Ost-Entfernung von Aachen bis Görlitz an der polnischen Grenze beträgt 600 km – siehe waagerecht gestrichelte Linie.

Der 51. Breitenkreis nördlicher Breite teilt Deutschland praktisch in zwei Hälften. Auf dieser Linie liegen die Städte Köln, Erfurt und Dresden. Der 50. Breitenkreis nördlicher Breite verläuft genau durch Mainz.

Stationenlernen Erdkunde / Klasse 5-6 – Deutschland & Europa – Bestell-Nr. 12 328

Infoblatt

Deutschland – Lage und Nachbarstaaten

Deutschland liegt in der Mitte von Europa zwischen Dänemark und den großen Alpenländern Schweiz und Österreich. Nord- und Ostsee bilden im Norden die natürlichen Grenzen. Deutschland hat insgesamt 9 Nachbarstaaten mit folgenden Grenzen in km.

Außengrenze gesamt = 3790 km

Grenzen zu den Nachbarländern:

im Norden:	Dänemark	=	68 km
im Nordosten:	Polen	=	456 km
im Osten:	Tschechische Republik	=	815 km
im Südosten:	Österreich	=	784 km
im Süden:	Schweiz	=	334 km
im Südwesten:	Frankreich	=	451 km
im Westen:	Luxemburg	=	138 km
	Belgien	=	167 km
im Nordwesten:	Niederlande	=	577 km

Stationenlernen Erdkunde / Klasse 5-6
Deutschland & Europa – Bestell-Nr. 12 328
KOHL VERLAG

Infoblatt

Gebirge und Berge

Viele Menschen – vielleicht auch du – in Deutschland wissen, dass die Alpen das höchste Gebirge in Deutschland sind und die Zugspitze mit 2962 m der höchste Berg ist. Es gibt aber noch eine ganze Reihe von weiteren Gebirgen und Bergen in Deutschland.

Brocken im Harz

Ein Gebirge ist eine Landschaft, die aus mehreren Bergen besteht.

Man unterscheidet Hochgebirge und Mittelgebirge. In einem Hochgebirge gibt es Berge, die höher sind als die Baumgrenze (auch immer öfter Waldgrenze genannt). Damit wären in Deutschland Gebirge ab einer Höhe von 1.800 Meter Hochgebirge. Das einzige Gebirge in Deutschland, das ein Hochgebirge ist, sind somit die Alpen.

Außerhalb der Alpen gibt es in Deutschland nur Mittelgebirge, die auf der folgenden Karte übersichtlich dargestellt sind, wobei die eingezeichneten Flüsse Orientierungshilfen darstellen. Das zweithöchste Gebirge in Deutschland ist der Schwarzwald mit dem Feldberg (1493 Meter). Es folgen der Bayerische Wald mit dem großen Arber (1450 m) und das Erzgebirge mit seiner höchsten Erhebung, dem Fichtelberg (1216 m). Interessant ist auch, dass es im Norden von Deutschland gar keine hohen Gebirge gibt, sie liegen praktisch alle in der südlichen Hälfte von Deutschland.

Feldberg im Schwarzwald

Teutoburger Wald
Harz
Rothaar
Vogelsberg
Thüringer Wald
Westerwald
Rhön
Erzgebirge
Eifel
Taunus
Spessart
Fichtelgebirge
Hunsrück
Fränkische Alb
Bayerischer Wald
Schwäbische Alb
Schwarzwald

KOHL VERLAG
Stationenlernen Erdkunde / Klasse 5-6
Deutschland & Europa – Bestell-Nr. 12 328

Infoblatt

Bundesländer: Hauptstädte, Lage, Fläche, Einwohner

Die Bundesländer im Überblick

Stationenlernen Erdkunde / Klasse 5-6
Deutschland & Europa – Bestell-Nr. 12 328
KOHL VERLAG

Infoblatt

Bundesländer: Hauptstädte, Lage, Fläche, Einwohner

Bundesland	Hauptstadt	Liegt am Fluss	Fläche in km²	Einwohner
Baden-Württemberg	Stuttgart	Neckar	35 751	10 716 644
Bayern	München	Isar	70 550	12 691 568
Berlin	Berlin	Spree	892	3 469 849
Brandenburg	Potsdam	Nuthe	29 654	2 457 872
Bremen	Bremen	Weser	419	661 888
Hamburg	Hamburg	Elbe	755	1 762 791
Hessen	Wiesbaden	Rhein	21 115	6 093 888
Mecklenburg-Vorpommern	Schwerin	Schweriner See	23 214	1 599 138
Niedersachsen	Hannover	Leine	47 615	7 826 739
Nordrhein-Westfalen	Düsseldorf	Rhein	34 110	17 638 098
Rheinland-Pfalz	Mainz	Rhein	19 854	4 011 582
Saarland	Saarbrücken	Saar	2 569	989 035
Sachsen	Dresden	Elbe	18 420	4 055 274
Sachsen-Anhalt	Magdeburg	Elbe	20 452	2 235 548
Schleswig-Holstein	Kiel	Eider	15 802	2 830 864
Thüringen	Erfurt	Gera	16 203	2 156 759

Die fünfzehn größten Städte in Deutschland

Rang	Stadt	Einwohner	Bundesland
1	Berlin	3 613 495 Einwohner	Berlin
2	Hamburg	1 830 584 Einwohner	Hamburg
3	München	1 526 056 Einwohner	Bayern
4	Köln	1 084 795 Einwohner	Nordrhein-Westfalen
5	Frankfurt am Main	741 093 Einwohner	Hessen
6	Stuttgart	632 743 Einwohner	Baden-Württemberg
7	Düsseldorf	617 280 Einwohner	Nordrhein-Westfalen
8	Dortmund	601 780 Einwohner	Nordrhein-Westfalen
9	Leipzig	590 337 Einwohner	Sachsen
10	Essen	590 194 Einwohner	Nordrhein-Westfalen
11	Bremen	568 006 Einwohner	Bremen
12	Dresden	551 072 Einwohner	Sachsen
13	Hannover	541 773 Einwohner	Niedersachsen
14	Nürnberg	515 201 Einwohner	Bayern
15	Duisburg	502 327 Einwohner	Nordrhein-Westfalen

Stationenlernen Erdkunde / Klasse 5-6
Deutschland & Europa – Bestell-Nr. 12 328
KOHL VERLAG

Infoblatt

Großlandschaften in Deutschland

Wenn du schon einmal mit deinen Eltern mit dem PKW oder noch besser mit dem Zug durch Deutschland gefahren bist, ist dir sicher aufgefallen, dass es unterschiedliche Landschaften in Deutschland gibt. Zunächst sieht man nur flache Wiesen und Felder, in Richtung Süden aber wird die Landschaft immer hügeliger und es sind Berge erkennbar. Ganz im Süden an der Grenze zu den südlichen Nachbarländern Österreich und Schweiz ist das größte Gebirge Europas – die Alpen. Die folgenden Informationen helfen dabei, die jeweilige Großlandschaft zu erkennen und zu benennen. Die Beobachtungen und Feststellungen können im Atlas überprüft werden.

Deutschland hat vier Großlandschaften

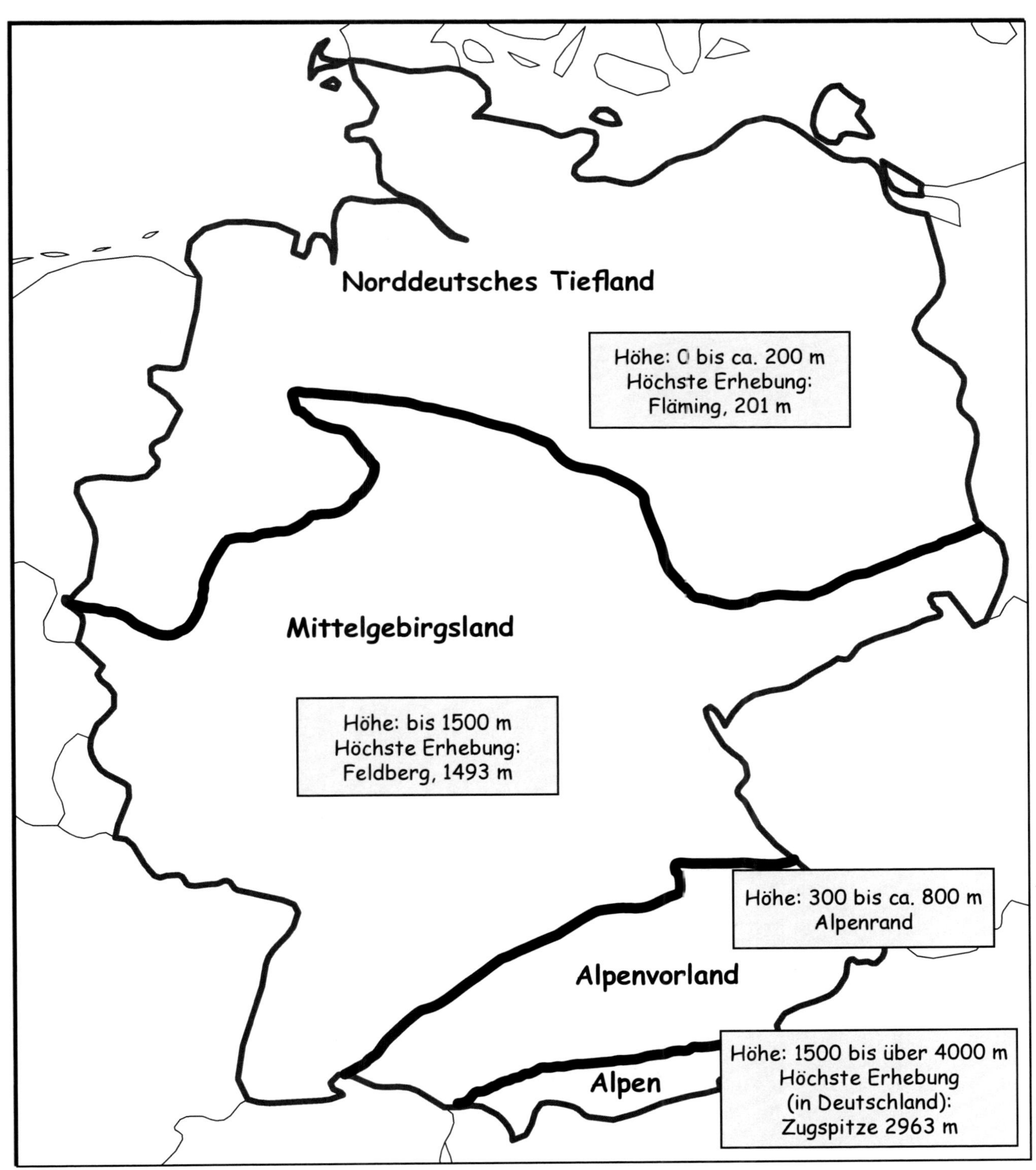

Infoblatt

Großlandschaften in Deutschland

Die Oberflächengestalt Deutschlands ist sehr abwechslungsreich.

Im Norden grenzt das Norddeutsche Tiefland an die Nordsee und Ostsee. Das Norddeutsche Tiefland ist flach bis sanft gewellt. Es umfasst Ostfriesland, die Mecklenburgische Seenplatte, das Havelland, das Münsterland und die Lüneburger Heide.

Diesem flachen Gebiet folgt dann das Deutsche Mittelgebirge. Es ist flächenmäßig die größte Großlandschaft und liegt in der Mitte Deutschlands. Es ist ein Bergland mit Wäldern und Tälern. Dazu gehören u.a. der Harz, das Erzgebirge, die Eifel, der Schwarzwald und der Bayerische Wald.

Südlich der Donau liegt das Alpenvorland (im Süden von Deutschland), das durchschnittlich 500 Meter hoch ist - es ist das Hochland um die Alpen.

Ganz im Süden (im Bundesland Bayern) liegt ein zentrales Hochgebirge - die Alpen. Zu Deutschland gehört nur ein kleiner Teil dieses Hochgebirges.

Stationenlernen Erdkunde / Klasse 5-6
Deutschland & Europa – Bestell-Nr. 12 328
KOHL VERLAG

Infoblatt

Flüsse, Kanäle und Seen

Deutschland ist ein Land, das reich an Flüssen ist. Sie fließen entweder in die Nordsee, Ostsee oder ins Schwarze Meer.

- Rhein, Weser, Elbe und Oder münden in die Nord- oder Ostsee.
- Nur die Donau fließt nach Osten und mündet ins Schwarze Meer.

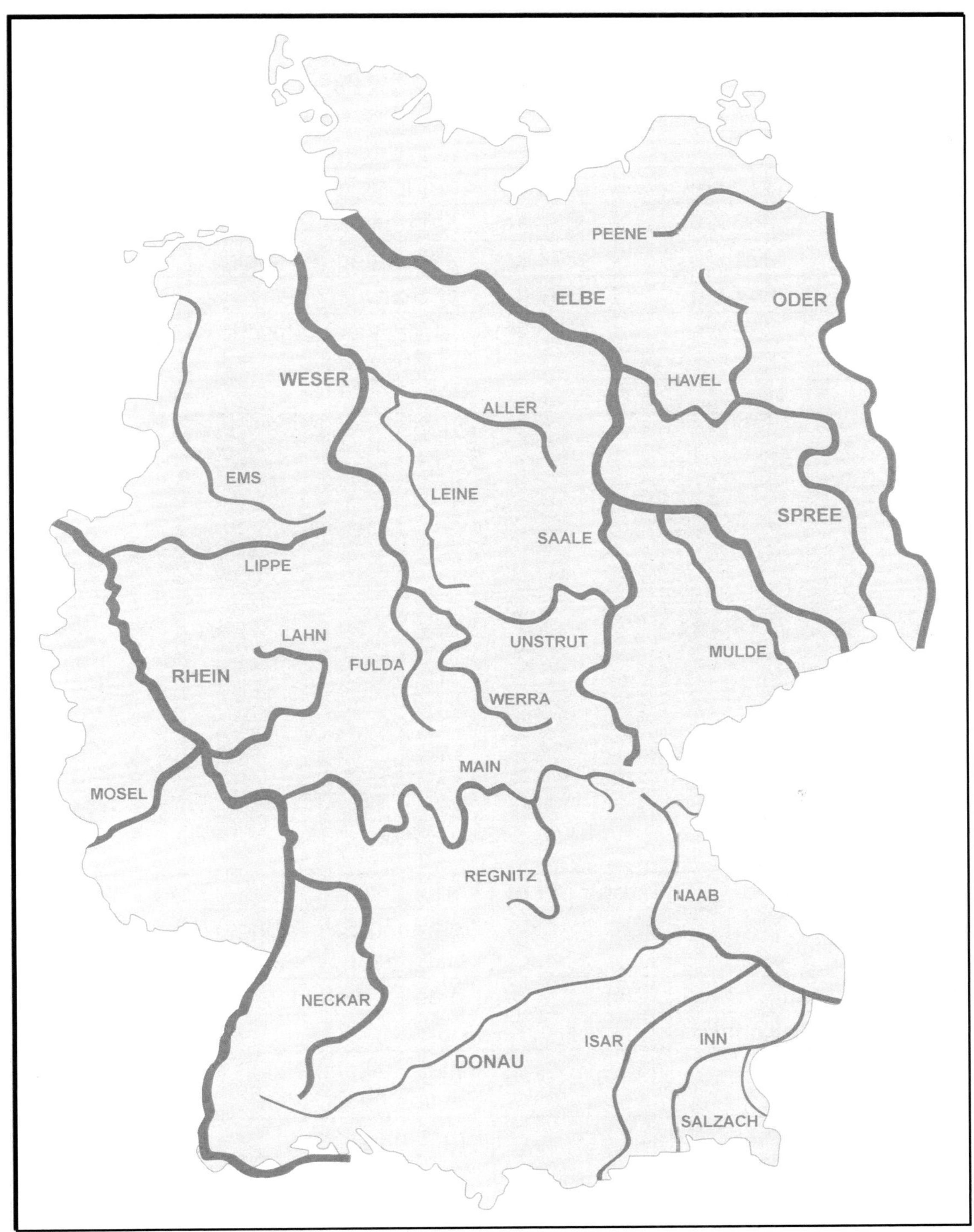

Viele Flüsse entspringen in den zahlreichen Mittelgebirgen. Der Rhein entspringt in den Alpen und ist der längste Fluss Deutschlands (1320 km lang, davon 865 km auf deutschem Gebiet). Außerdem ist der Rhein die Hauptverbindung eines ausgedehnten mitteleuropäischen Wasserstraßennetzes. Über den Main und den Main-Donau-Kanal besteht auch eine Verbindung zur Donau und dem Schwarzen Meer.

Stationenlernen Erdkunde / Klasse 5-6
Deutschland & Europa – Bestell-Nr. 12 328
KOHL VERLAG

Infoblatt

Flüsse, Kanäle und Seen

Die 10 längsten Flüsse in Deutschland

	Name	Länge in Deutschland	Länge insgesamt	entspringt	mündet
1	Rhein	865 km	1.233 km	Schweizer Alpen	Nordsee
2	Weser	750 km	750 km	aus Werra + Fulda	Nordsee
3	Elbe	727 km	1.245 km	Riesengebirge	Nordsee
4	Donau	647 km	2.857 km	Schwarzwald	Schwarzes Meer
5	Main	569 km	569 km	Fichtelgebirge	Rhein
6	Saale	413 km	413 km	Fichtelgebirge	Elbe
7	Spree	382 km	382 km	Lausitzer Bergland	Havel
8	Ems	371 km	371 km	Teutoburger Wald	Nordsee
9	Neckar	367 km	367 km	Schwarzwald	Rhein
10	Havel	325 km	325 km	Mecklenburgische Seenplatte	Elbe

Mittellandkanal in Niedersachsen

Okertalsperre im Harz

Kanäle in Deutschland	Länge in km	von	bis
Mittellandkanal	325	Dortmund-Ems-Kanal bei Bergeshövede	Elbe-Havel-Kanal bei Hohenwarthe
Dortmund-Ems-Kanal	223	Hafen Dortmund	Emden
(Rhein-)Main-Donau-Kanal	171	Bamberg	Kelheim
Elbe-Seitenkanal	115	Mittellandkanal bei Edesbüttel	Elbe bei Artlenburg
Nord-Ostsee-Kanal (früher Kaiser-Wilhelm-Kanal)	98	Brunsbüttel	Kiel

Der größte und tiefste See Deutschlands ist der Bodensee – 572 km² groß und 254 m tief.

Weitere Seen liegen

- im Osten des Bundeslandes Schleswig-Holstein – zwischen den Städten Lübeck und Kiel;
- in der Mecklenburgischen Seenplatte des Bundeslandes Mecklenburg-Vorpommern und im Alpenvorland;
- in den Alpen und einigen Mittelgebirgen wurden auch künstliche Stauseen (Talsperren) angelegt.

Stationenlernen Erdkunde / Klasse 5-6
Deutschland & Europa – Bestell-Nr. 12 328
KOHL VERLAG

Puzzle

Deutschland „auf einen Blick“

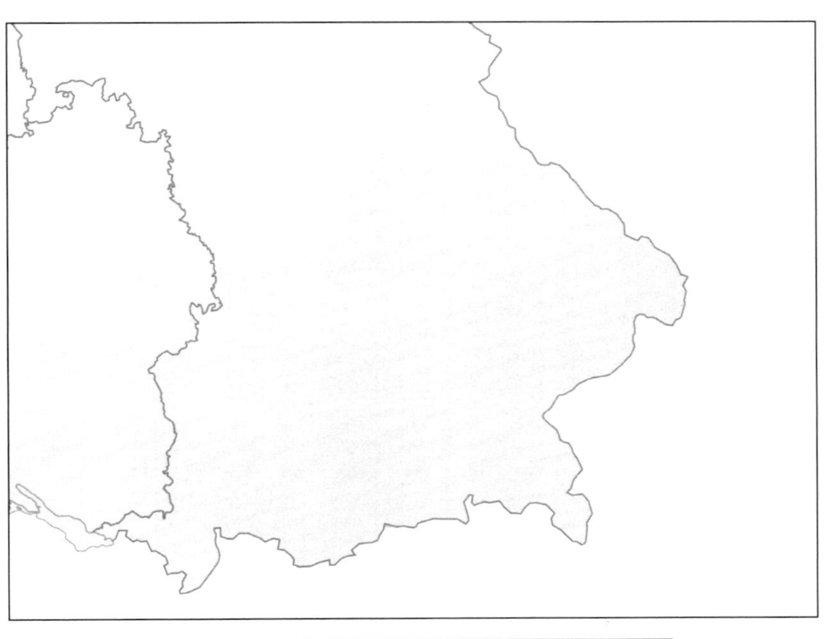

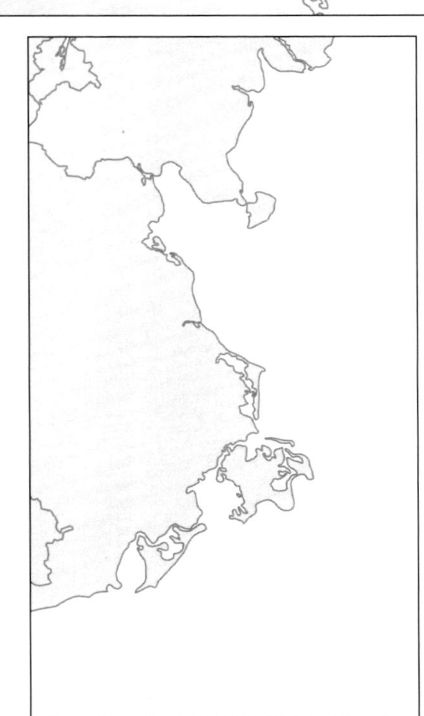

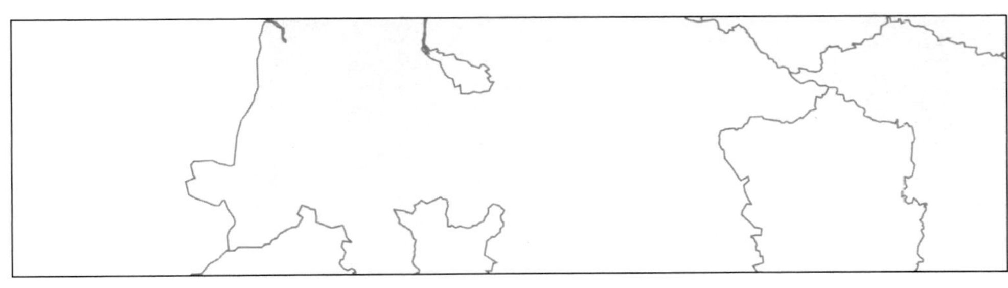

Puzzle

Deutschland – Lage und Nachbarstaaten

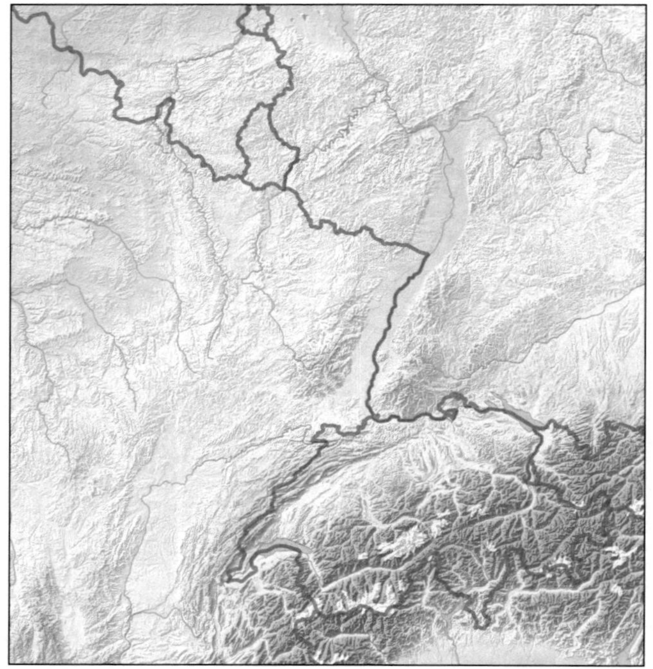

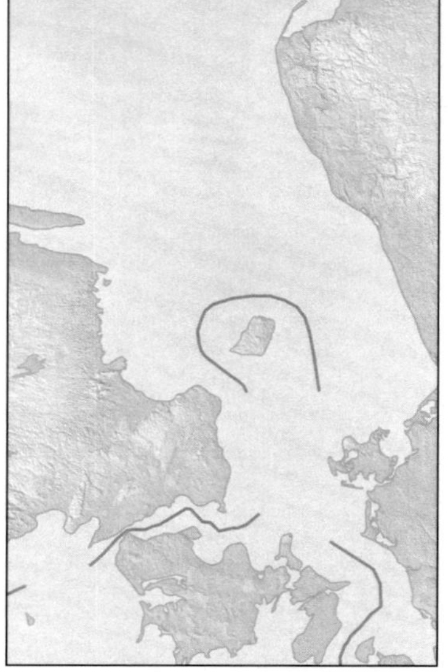

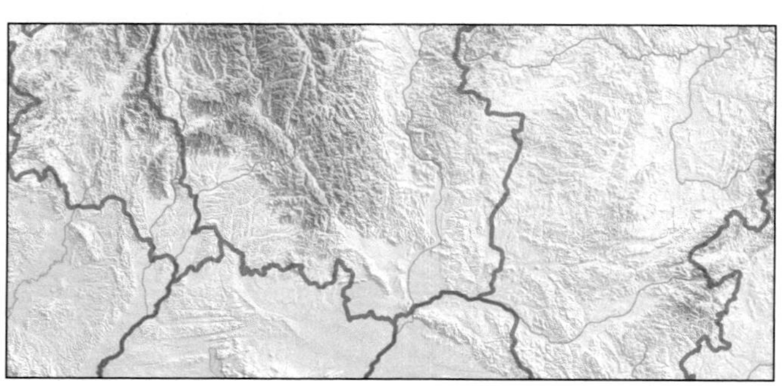

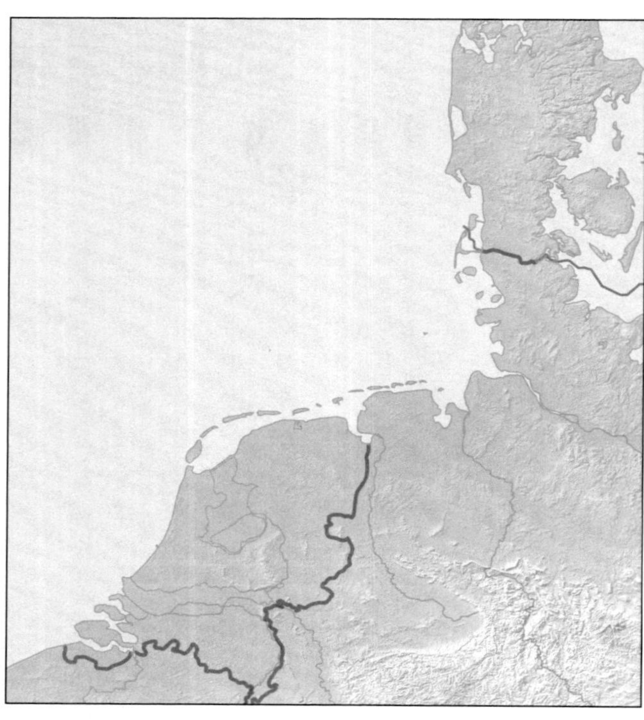

Station

Deutschland im Überblick

Deutschland „auf einen Blick“

Aufgabe 1: *Verbinde Begriffe mit Zahlen, die Buchstaben ergeben das Lösungswort. (Es ist ganz wichtig in Deutschland.)*

1	Deutschland Einwohner		L	1990
2	Nationalfeiertag		M	2963 m
3	Deutschland Fläche		E	800 km
4	Wiedervereinigung Deutschland		T	600 km
5	Berlin Einwohner		A	3 469 849
6	Zugspitze Höhe		P	83 Millionen
7	Entfernung Flensburg-Bodensee		R	357 000 km²
8	Gründungsjahr BRD		N	23. Mai 1949
9	Entfernung Aachen-Görlitz		A	3. Oktober

Lösung: | | | | | | | | | |

Aufgabe 2: *Nenne die Namen der Inseln (1-3) und Städte (4-6).*

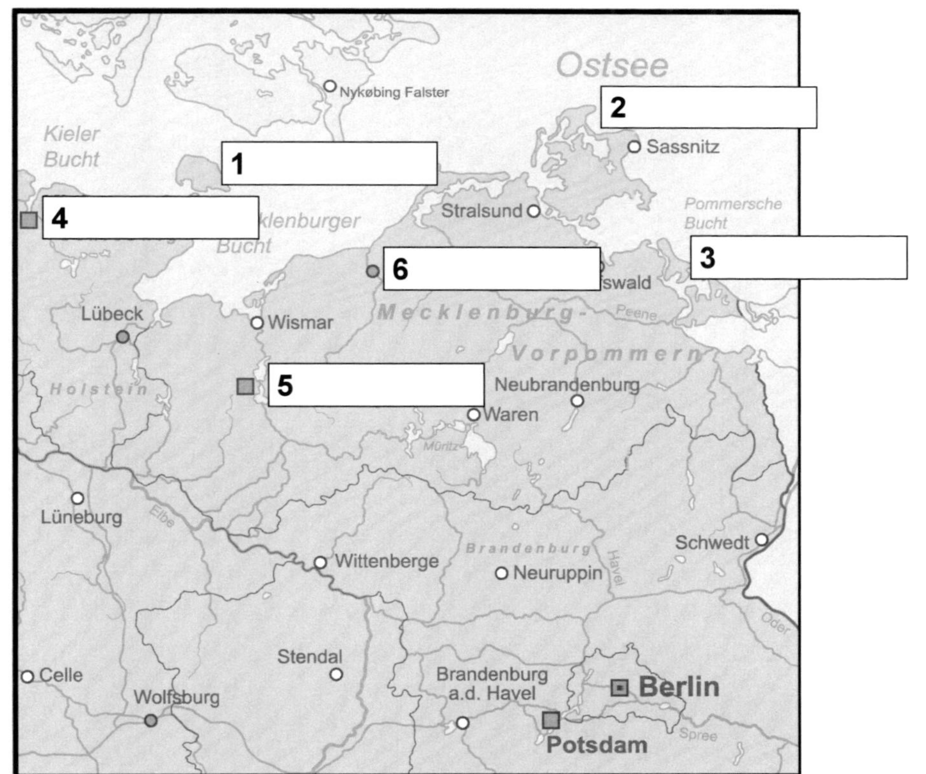

Aufgabe 3: *Füge die Puzzleteile (Extrablatt) zu einem Gesamtbild Deutschlands zusammen.*

Aufgabe 4: *Zeichne auf deiner Puzzlekarte die Strecken Flensburg-Bodensee und Aachen-Görlitz ein. Markiere auf deiner Karte mit einem roten Stift die Städte München, Frankfurt am Main, Stuttgart, Köln, Hannover, Bremen und Hamburg.*

Stationenlernen Erdkunde / Klasse 5-6
Deutschland & Europa – Bestell-Nr. 12 328
KOHL VERLAG

Station

Deutschland im Überblick

Lösungen

Deutschland „auf einen Blick“

Aufgabe 1: Lösungswort: **PARLAMENT**

Aufgabe 2: 1 **Fehmarn**, 2 **Rügen**, 3 **Usedom**, 4 **Kiel**, 5 **Schwerin**, 6 **Rostock**

Aufgabe 3 + **Aufgabe 4**:

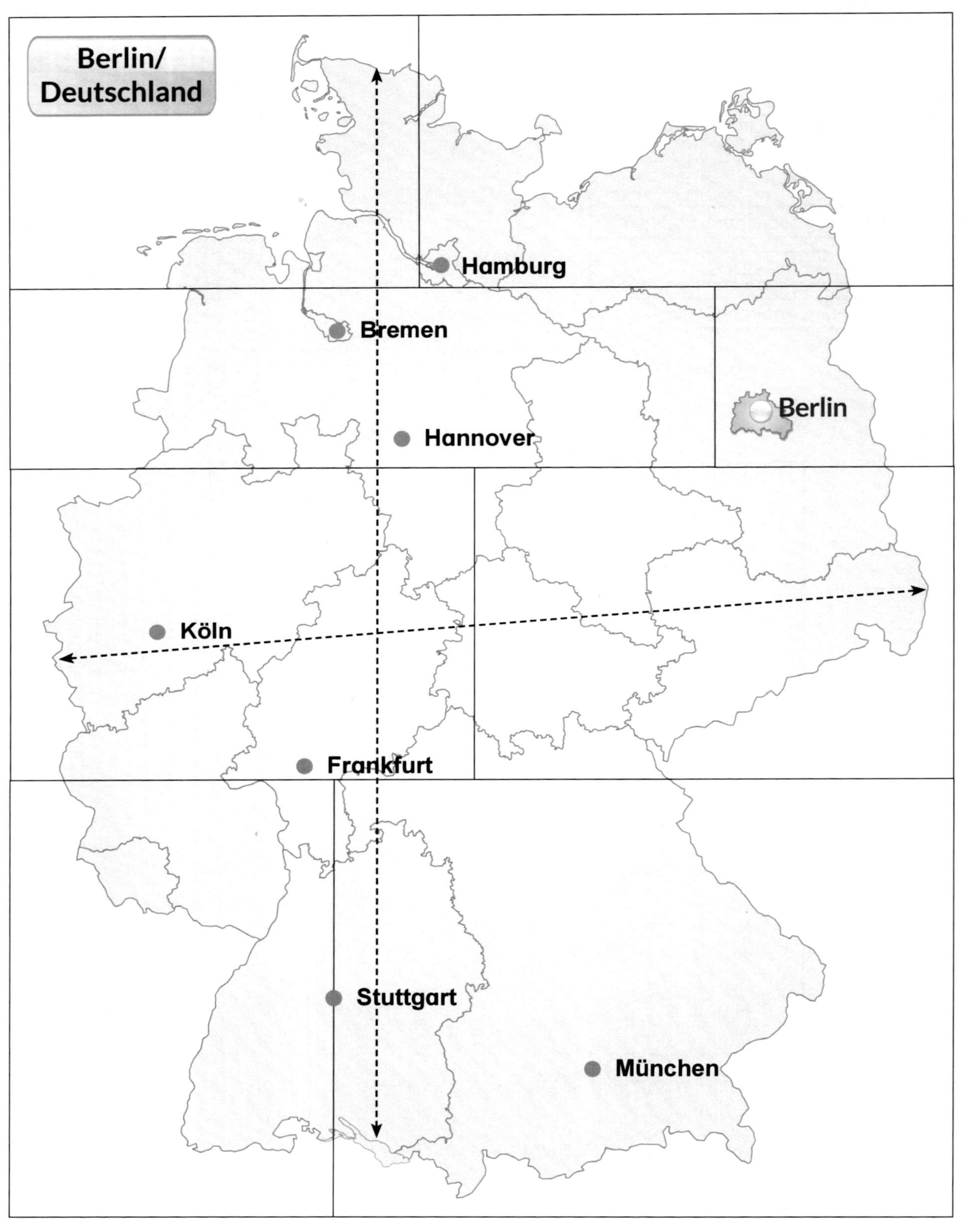

Stationenlernen Erdkunde / Klasse 5-6
Deutschland & Europa – Bestell-Nr. 12 328
KOHL VERLAG

Station

Deutschland im Überblick

Deutschland – Lage und Nachbarstaaten

Aufgabe 1: *Schreibe die Nachbarstaaten Deutschlands und deren Hauptstädte neben die Zahlen. Male die Nachbarstaaten mit unterschiedlichen Farben an.*

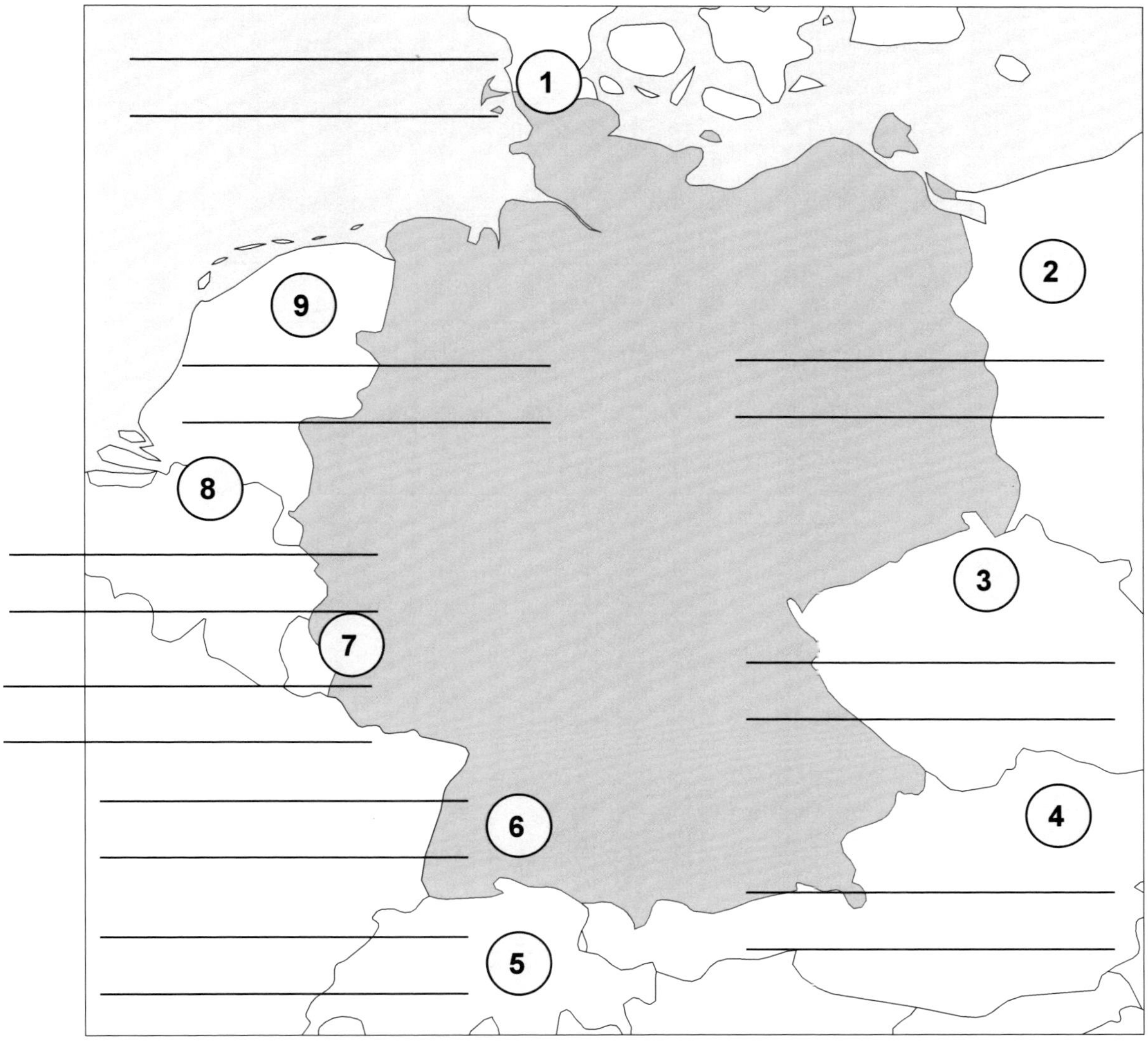

1 ______________________

2 ______________________

3 ______________________

4 ______________________

5 ______________________

6 ______________________

7 ______________________

8 ______________________

9 ______________________

Aufgabe 2: **a)** *Welches Nachbarland hat die längste Grenze zu Deutschland?* ______________________

b) *Welches Nachbarland hat die kürzeste Grenze zu Deutschland?* ______________________

Aufgabe 3: *Nenne jeweils die europäischen Nachbarstaaten zu den Bundesländern:*

Baden-Württemberg	
Sachsen	
Nordrhein-Westfalen	
Schleswig-Holstein	

Aufgabe 4: *Lege das Puzzle (Extrablatt) und schreibe die Nachbarländer darauf.*

Deutschland – Lage und Nachbarstaaten

Lösungen

Aufgabe 1:

1	Dänemark	Kopenhagen	2	Polen	Warschau
3	Tschechische Republik	Prag	4	Österreich	Wien
5	Schweiz	Bern	6	Frankreich	Paris
7	Luxemburg	Luxemburg	8	Belgien	Brüssel
9	Niederlande	Den Haag			

Aufgabe 2: a) Tschechische Republik = 815 km b) Dänemark = 68 km

Aufgabe 3:

Baden-Württemberg	Frankreich, Schweiz
Sachsen	Polen, Tschechische Republik
Nordrhein-Westfalen	Niederlande, Belgien
Schleswig-Holstein	Dänemark

Aufgabe 4:

Stationenlernen Erdkunde / Klasse 5-6
Deutschland & Europa - Bestell-Nr. 12 328
KOHL VERLAG

Station

! ✶

Deutschland im Überblick

Bundesländer: Hauptstädte, Lage, Fläche, Einwohner (1)

Aufgabe 1: *Schreibe jeweils die beiden Bundesländer auf.*

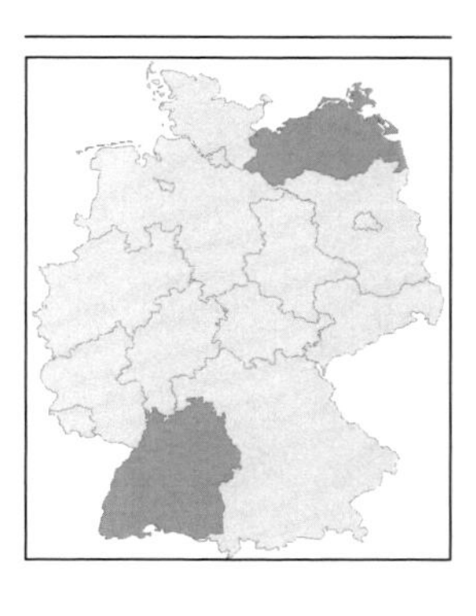

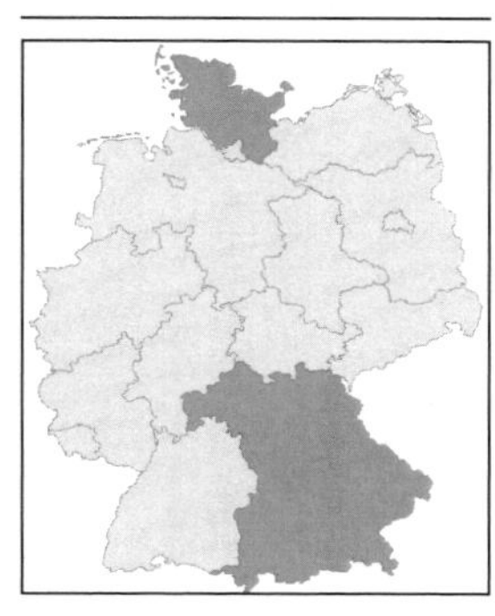

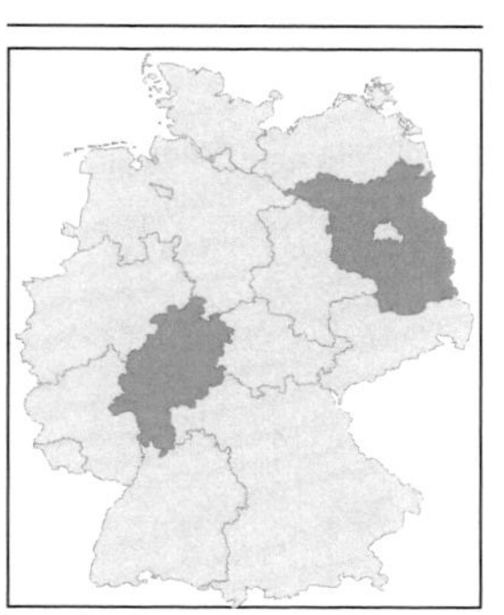

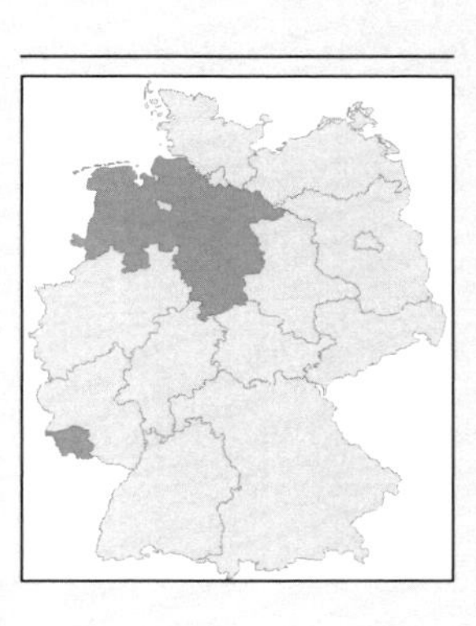

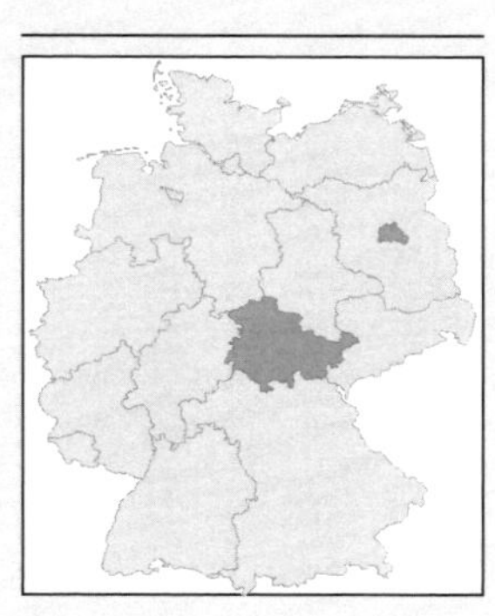

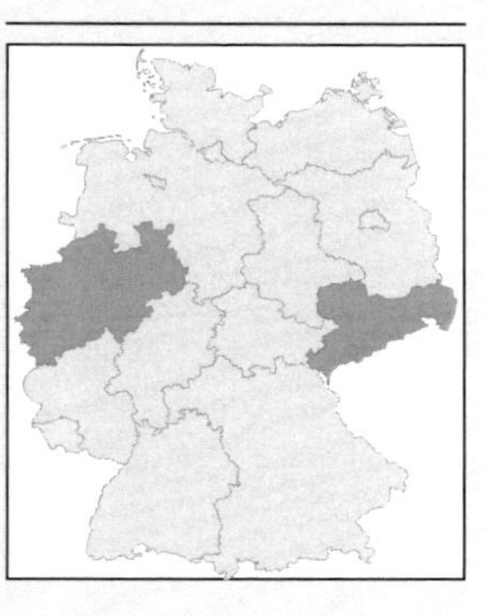

Aufgabe 2: **a)** *Nenne das flächenmäßig größte Bundesland.* ______________________

b) *Nenne das Bundesland mit der größten Einwohnerzahl.*

____

Aufgabe 3: *Zähle die 4 Bundesländer auf, die Grenzen an Thüringen haben.*

____

Aufgabe 4: *Erkennst du die drei unvollständigen Bundesländer trotzdem sogar mit Hauptstädten?*

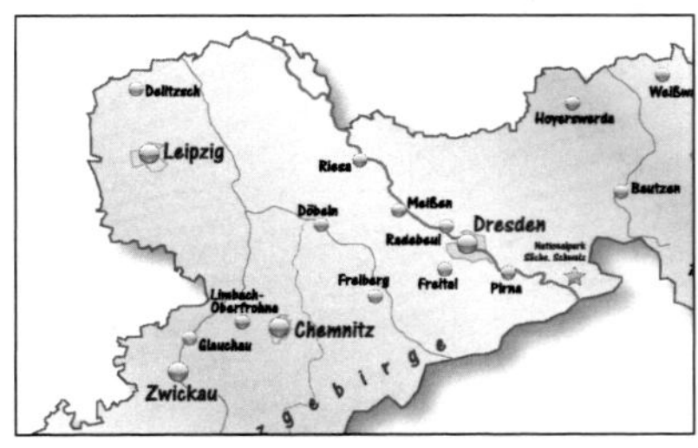

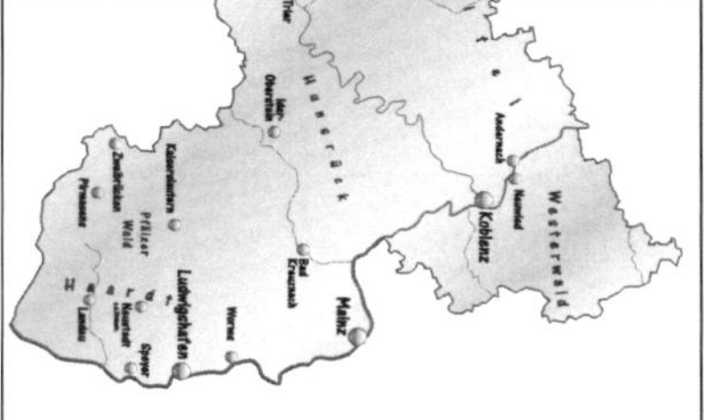

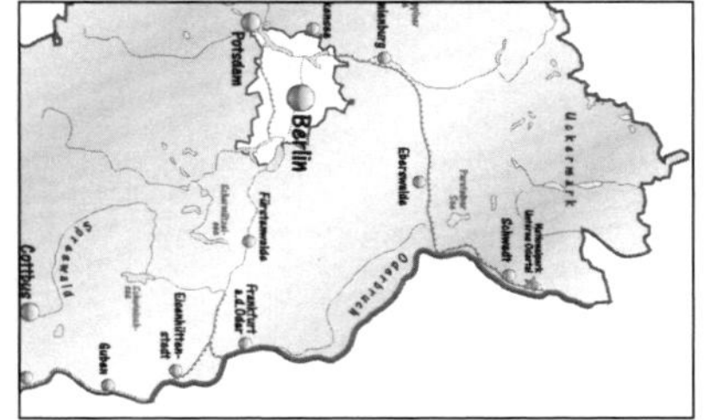

Stationenlernen Erdkunde / Klasse 5-6
Deutschland & Europa – Bestell-Nr. 12 328
KOHL VERLAG

Station

! ✶

Deutschland im Überblick

Lösungen

Bundesländer: Hauptstädte, Lage, Fläche, Einwohner (1)

Aufgabe 1:

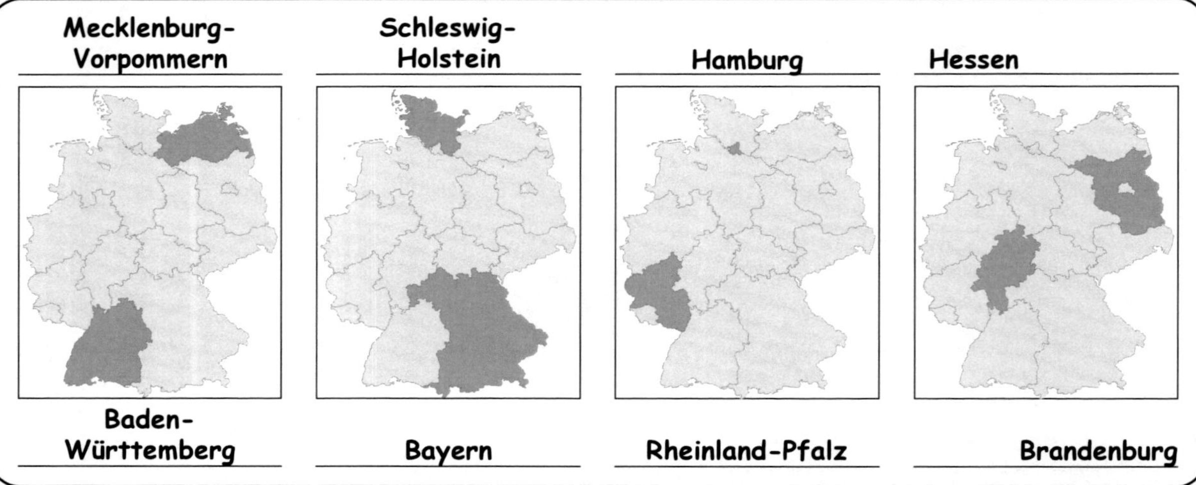

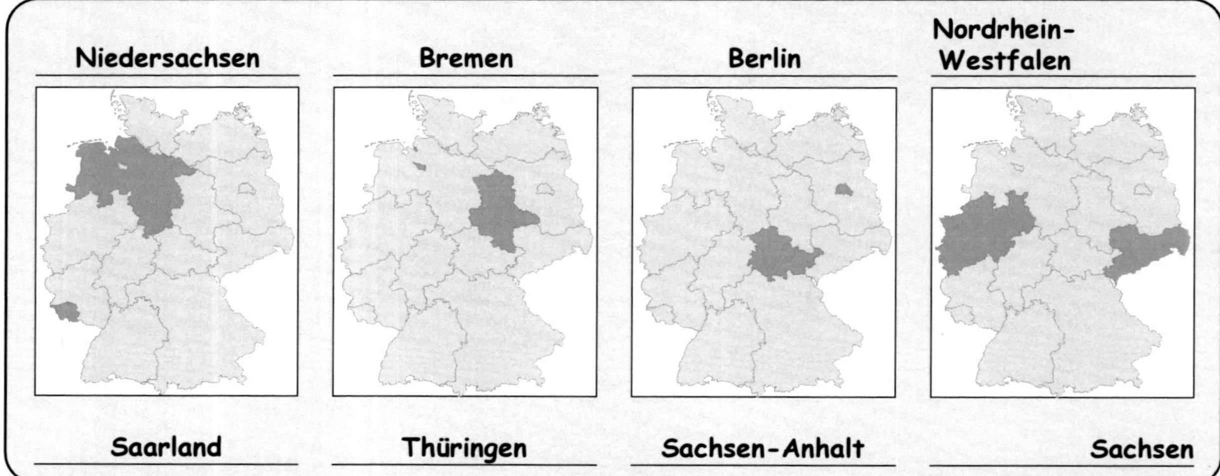

Aufgabe 2: a) Bayern

b) Nordrhein-Westfalen

Aufgabe 3: Brandenburg, Niedersachsen, Sachsen-Anhalt, Sachsen

Aufgabe 4:

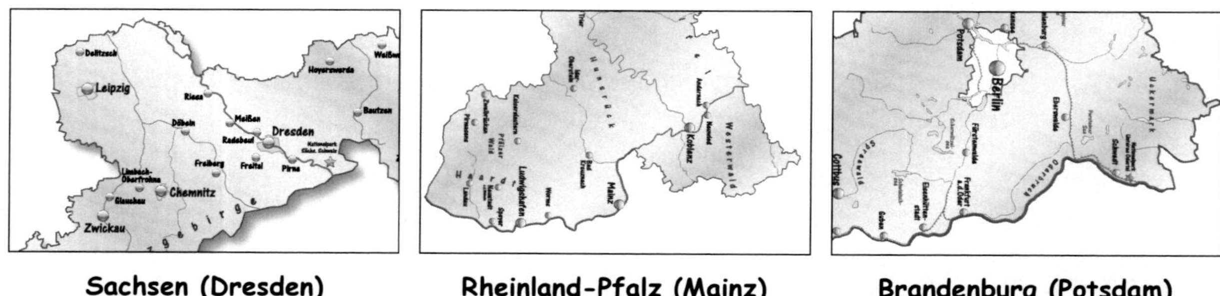

Station

! ✶

Deutschland im Überblick

Bundesländer: Hauptstädte, Lage, Fläche, Einwohner (2)

Aufgabe 1: *Schreibe am Fluss gelegene Stadt mit diesem Wahrzeichen auf.*

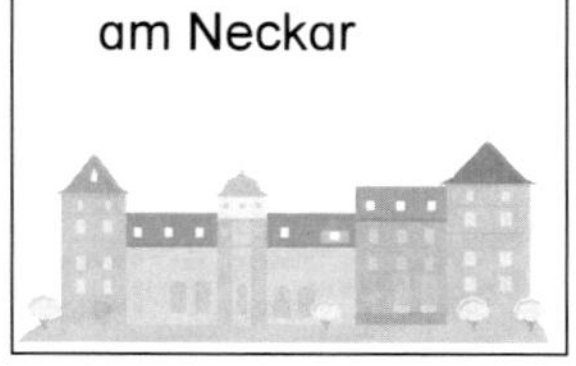

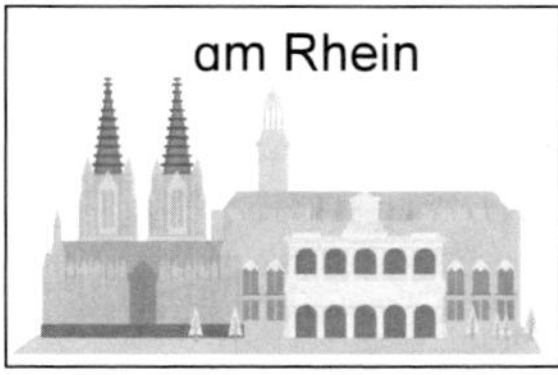

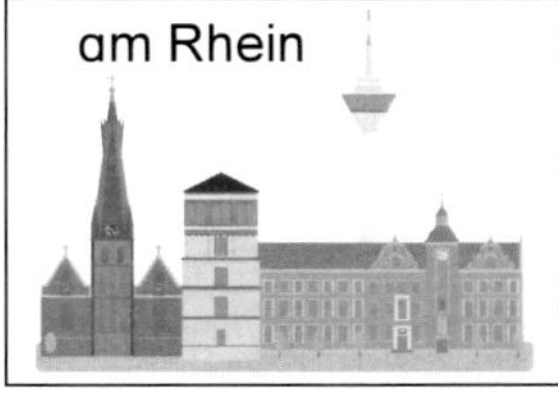

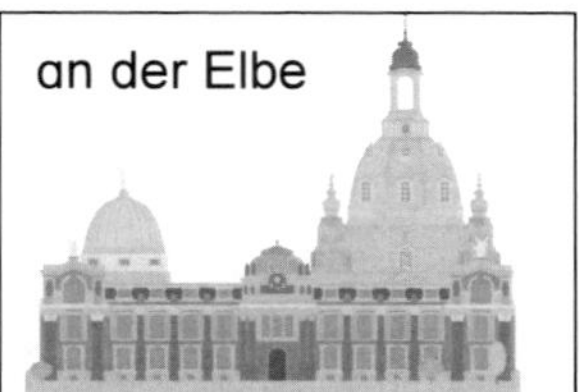

Aufgabe 2: *Vervollständige die Tabelle passend.*

Bundesland	**Hauptstadt**	**Fluss, an dem die Hauptstadt liegt**
Brandenburg		
		Leine
	München	
	Mainz	
Hessen		
		Weser
	Hamburg	
Sachsen		

Stationenlernen Erdkunde / Klasse 5-6
Deutschland & Europa – Bestell-Nr. 12 328
KOHL VERLAG

Station

! ★

Deutschland im Überblick

Lösungen

Bundesländer: Hauptstädte, Lage, Fläche, Einwohner (2)

Aufgabe 1:

Berlin

Elbe

Hamburg

München

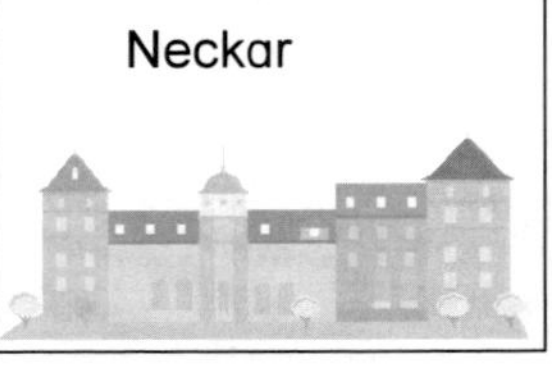

Stuttgart

Köln

Frankfurt

Lübeck

Dortmund

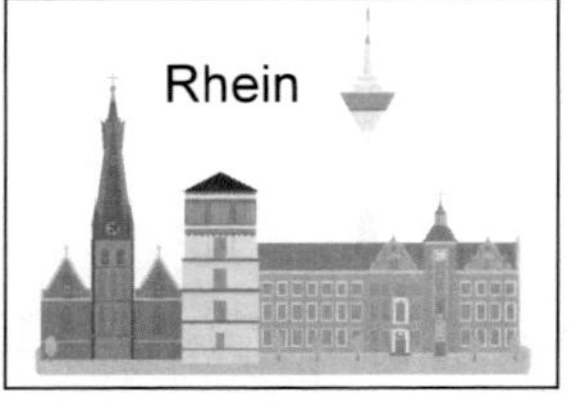

Düsseldorf

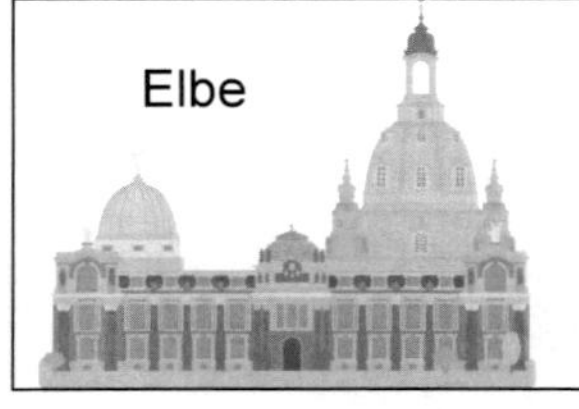

Dresden

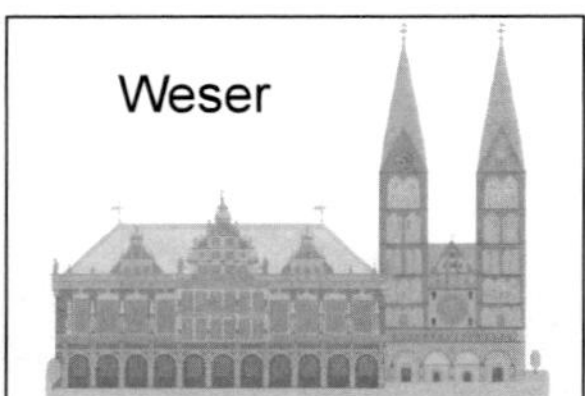

Bremen

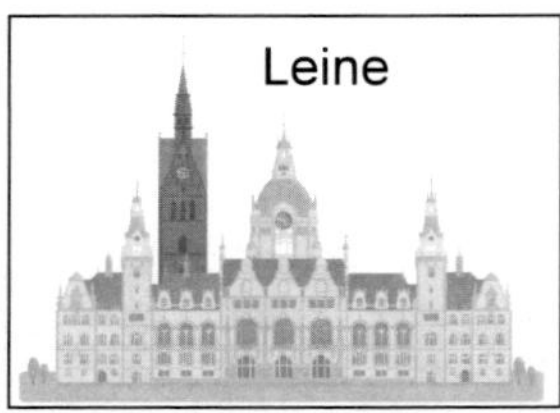

Hannover

Aufgabe 2:

Bundesland	Hauptstadt	Fluss, an dem die Hauptstadt liegt
Brandenburg	**Potsdam**	**Spree**
Niedersachsen	**Hannover**	Leine
Bayern	München	**Isar**
Rheinland-Pfalz	Mainz	**Rhein**
Hessen	**Wiesbaden**	**Rhein**
Bremen	**Bremen**	Weser
Hamburg	Hamburg	**Elbe**
Sachsen	**Dresden**	**Elbe**

Station

! ✶

Deutschland im Überblick

Großlandschaften in Deutschland

Aufgabe 1: *Verbinde von links nach rechts zu richtigen Sätzen.*

Das Norddeutsche Tiefland ist	○	○	ein Bergland mit Höhen von bis zu 1500 m.
Die Alpen sind	○	○	eine Großlandschaft mit einer höchsten Erhebung von nur 200 m.
Das Mittelgebirgsland ist	○	○	ein Hochgebirge und erreicht Höhen von 1500 m bis 4000 m.
Das Alpenvorland ist	○	○	ein Hochland und steigt von 300 m auf 800 m an.

Aufgabe 2: *Trage die Namen der Großlandschaften ein. Beschreibe sie im Heft.*

____

____

____

____

Aufgabe 3: *Schreibe neben Stadt oder Fluss jeweils die richtige Großlandschaft.*

Kiel		**München**	
Erfurt		**Weser**	
Aller		**Neckar**	
Oldenburg		**Augsburg**	
Isar		**Main**	
Kassel		**Mosel**	

Stationenlernen Erdkunde / Klasse 5-6
Deutschland & Europa – Bestell-Nr. 12 328
KOHL VERLAG

Station ! ✶

Großlandschaften in Deutschland

Lösungen

Aufgabe 1:

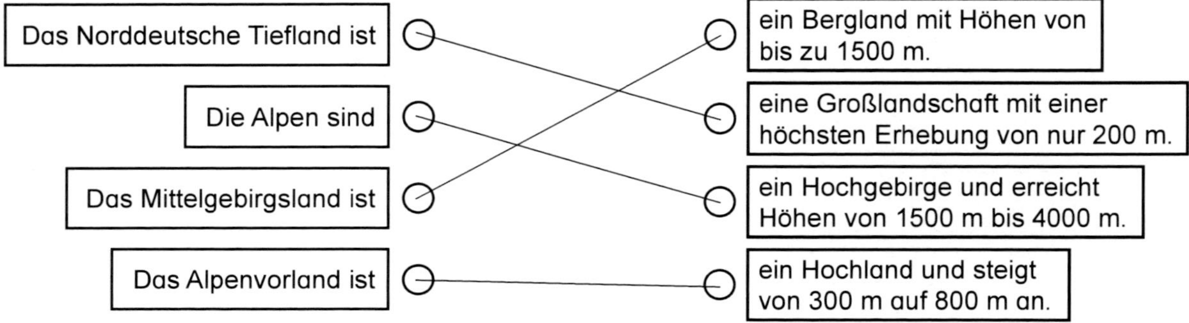

Aufgabe 2:

Mittelgebirgsland

Norddeutsches Tiefland

Alpen

Alpenvorland

Aufgabe 3:

Kiel	Norddeutsches Tiefland	München	Alpenvorland
Erfurt	Mittelgebirgsland	Weser	Norddeutsches Tiefland und Mittelgebirgsland
Aller	Norddeutsches Tiefland	Neckar	Mittelgebirgsland
Oldenburg	Norddeutsches Tiefland	Augsburg	Alpenvorland
Isar	Alpenvorland	Main	Mittelgebirgsland
Kassel	Mittelgebirgsland	Mosel	Mittelgebirgsland

Stationenlernen Erdkunde / Klasse 5-6
Deutschland & Europa – Bestell-Nr. 12 328
KOHL VERLAG

Station ! ✶

Deutschland im Überblick

Flüsse, Kanäle und Seen

Aufgabe 1: *Schreibe die Flüsse neben die Zahlen.*

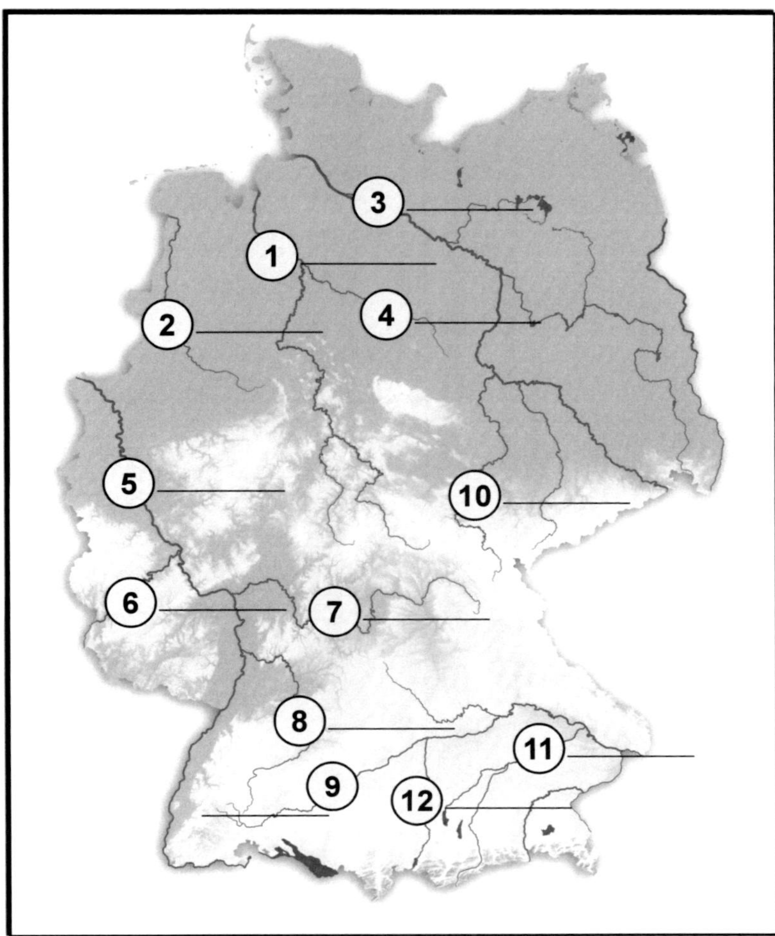

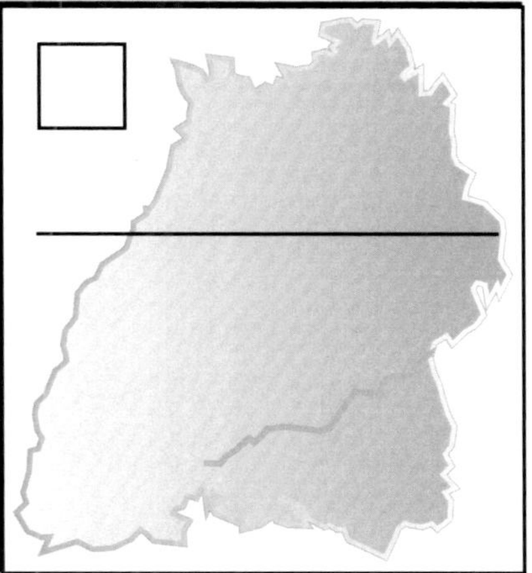

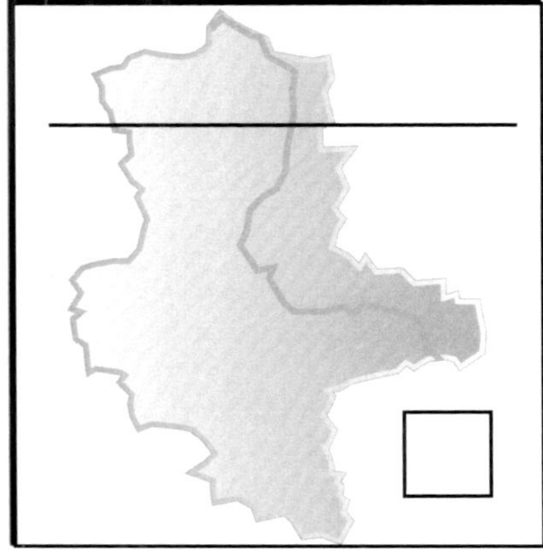

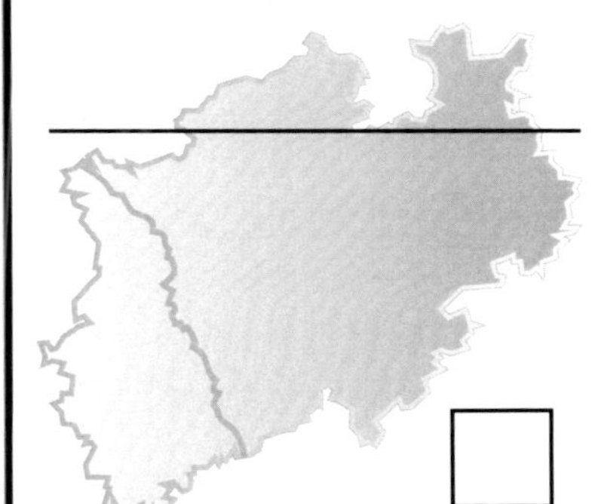

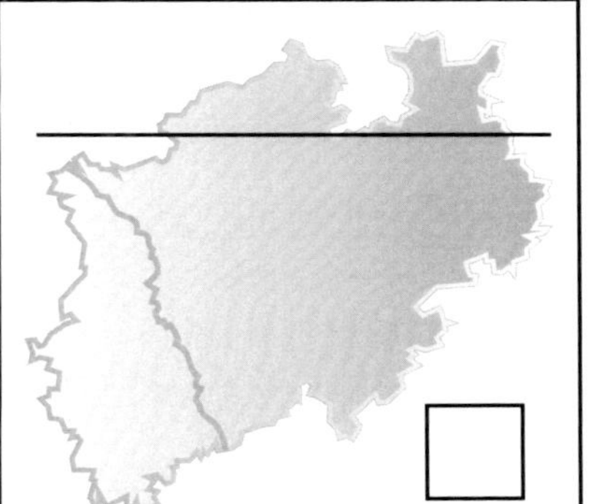

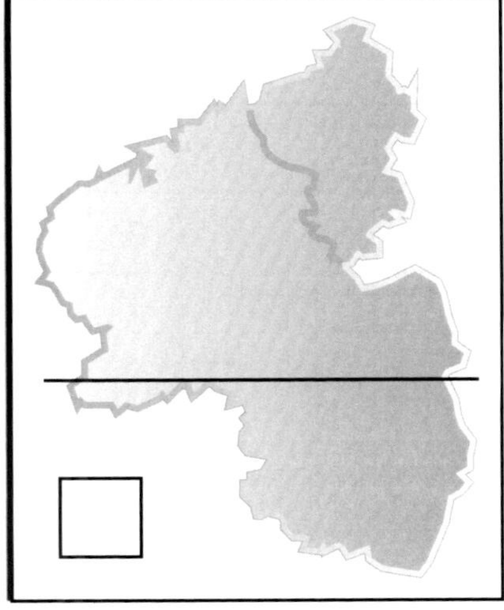

Aufgabe 2: *Schreibe in die kleinen Bilder die Bundesländer und die Zahlen der Flüsse.*

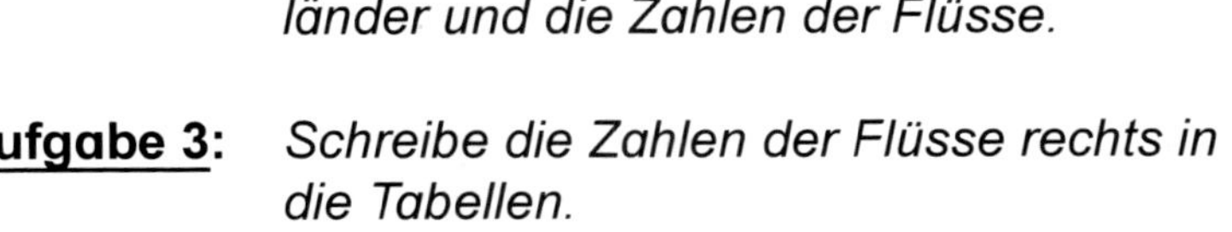

Aufgabe 3: *Schreibe die Zahlen der Flüsse rechts in die Tabellen.*

727 km Länge in Deutschland	
Quelle in Schweizer Alpen	
Gesamtlänge von 2.857 km	
Vom Fichtelgebirge zum Rhein	
371 km Länge	
Vom Schwarzwald zum Rhein	
413 km Länge	
Vom Riesengebirge zur Nordsee	

Würzburg	
Regensburg	
Düsseldorf	
Magdeburg	
Duisburg	
München	
Mannheim	
Dresden	

Stationenlernen Erdkunde / Klasse 5-6
Deutschland & Europa – Bestell-Nr. 12 328
KOHL VERLAG

Station

! ✶ Deutschland im Überblick

Flüsse, Kanäle und Seen

Lösungen

Aufgabe 1:

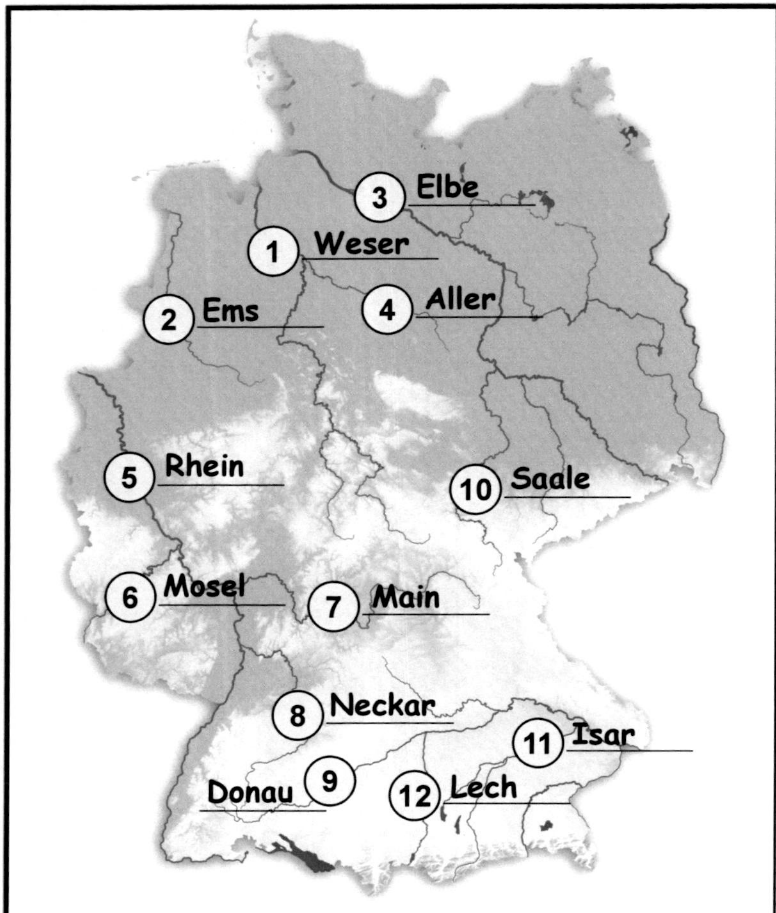

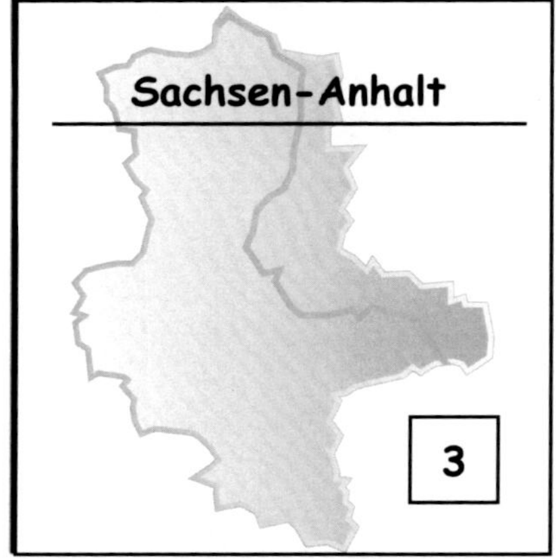

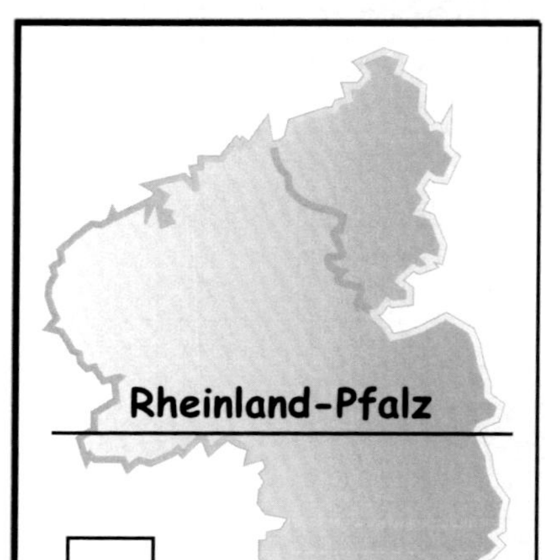

Aufgabe 2: *siehe rechts*

Aufgabe 3:

727 km Länge in Deutschland	3
Quelle in Schweizer Alpen	5
Gesamtlänge von 2.857 km	9
Vom Fichtelgebirge zum Rhein	7
371 km Länge	2
Vom Schwarzwald zum Rhein	8
413 km Länge	10
Vom Riesengebirge zur Nordsee	3

Würzburg	7
Regensburg	9
Düsseldorf	5
Magdeburg	3
Duisburg	5
München	11
Mannheim	8+5
Dresden	3

Stationenlernen Erdkunde / Klasse 5-6
Deutschland & Europa – Bestell-Nr. 12 328
KOHL VERLAG

Gebirge und Berge (1)

Aufgabe 1: *In welchem Bundesland liegt das Gebirge?*

Gebirge	Höchste Erhebung	Bundesland
Alpen	Zugspitze = 2962 m	
Schwarzwald	Feldberg = 1493 m	
Bayerischer Wald	Großer Arber = 1456 m	
Erzgebirge	Fichtelberg = 1215 m	
Harz	Brocken = 1142 m	
Fichtelgebirge	Schneeberg = 1051 m	
Rothaargebirge	Kahler Asten = 841 m	
Taunus	Großer Feldberg = 879 m	

Aufgabe 2: *Ordne den höchsten Erhebungen das richtige Gebirge und die Höhe zu.*

Eifel - Rhön - Hunsrück - Schwarzwald - Schwäbische Alb - Fichtelgebirge - Taunus - Harz

1051 m - 879 m - 950 m - 1015 m - 1142 m - 1493 m - 816 m - 747 m

Gebirge	Höchste Erhebung	Höhe
	Wasserkuppe	
	Großer Feldberg	
	Lemberg	
	Schneeberg	
	Erbeskopf	
	Brocken	
	Feldberg	
	Hohe Acht	

Aufgabe 3: *Gesucht ist das Bundesland und jeweils zwei Gebirge.*

KOHL VERLAG
Stationenlernen Erdkunde / Klasse 5-6
Deutschland & Europa – Bestell-Nr. 12 328

Station

! ✶

Deutschland im Überblick

Lösungen

Gebirge und Berge (1)

Aufgabe 1:

Gebirge	Höchste Erhebung	Bundesland
Alpen	Zugspitze = 2962 m	**Bayern**
Schwarzwald	Feldberg = 1493 m	**Baden-Württemberg**
Bayerischer Wald	Großer Arber = 1456 m	**Bayern**
Erzgebirge	Fichtelberg = 1215 m	**Sachsen**
Harz	Brocken = 1142 m	**Niedersachsen/Sachsen-Anhalt**
Fichtelgebirge	Schneeberg = 1051 m	**Bayern**
Rothaargebirge	Kahler Asten = 841 m	**Nordrhein-Westfalen**
Taunus	Großer Feldberg = 879 m	**Hessen**

Aufgabe 2:

Gebirge	Höchste Erhebung	Höhe
Rhön	Wasserkuppe	**950 m**
Taunus	Großer Feldberg	**879 m**
Schwäbische Alb	Lemberg	**1015 m**
Fichtelgebirge	Schneeberg	**1051 m**
Hunsrück	Erbeskopf	**816 m**
Harz	Brocken	**1142 m**
Schwarzwald	Feldberg	**1493 m**
Eifel	Hohe Acht	**747 m**

Aufgabe 3:

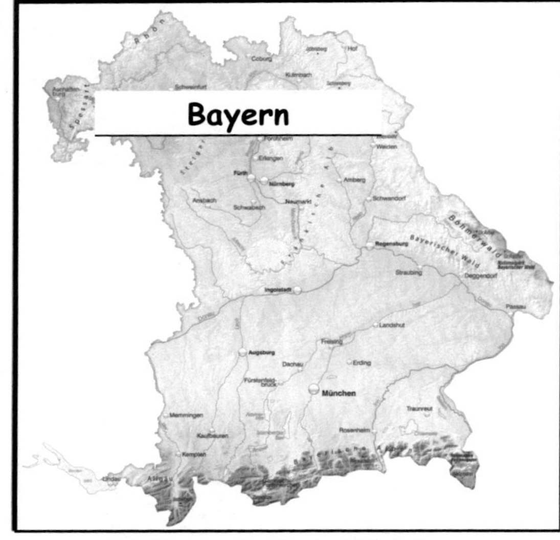

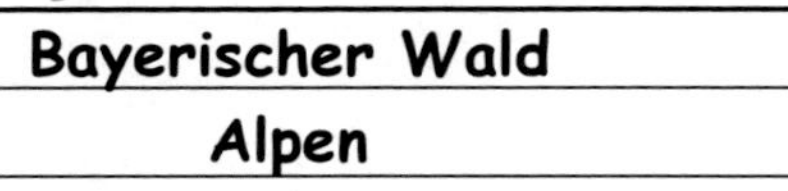

Bayerischer Wald

Alpen

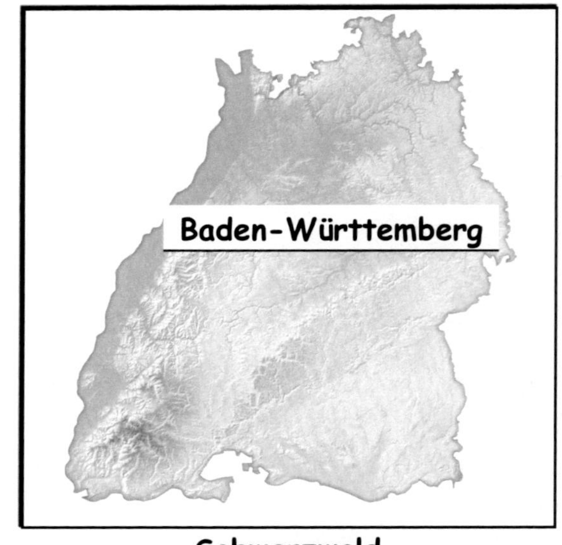

Schwarzwald

Schwäbische Alb

Stationenlernen Erdkunde / Klasse 5-6
Deutschland & Europa – Bestell-Nr. 12 328
KOHL VERLAG

Station

Gebirge und Berge (2)

Deutschland im Überblick

Aufgabe: *Um welche Gebirge handelt es sich hier? Schreibe die Namen in die Felder.*

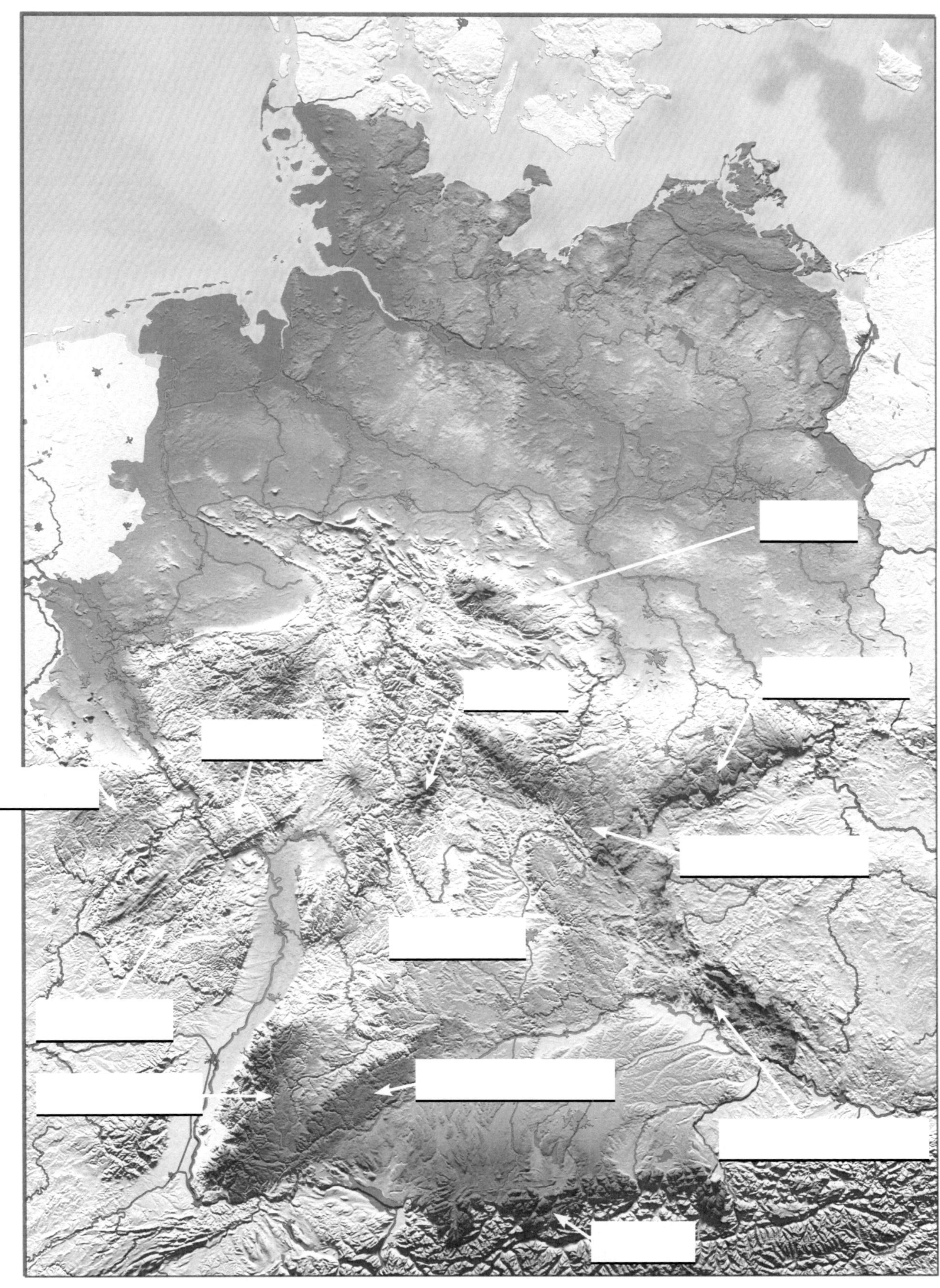

Stationenlernen Erdkunde / Klasse 5-6
Deutschland & Europa – Bestell-Nr. 12 328

Station 

Deutschland im Überblick

Lösungen

Gebirge und Berge (2)

Aufgabe:

Harz

Erzgebirge

Rhön

Taunus

Eifel

Fichtelgebirge

Spessart

Hunsrück

Schwäbische Alb

Schwarzwald

Bayerischer Wald

Alpen

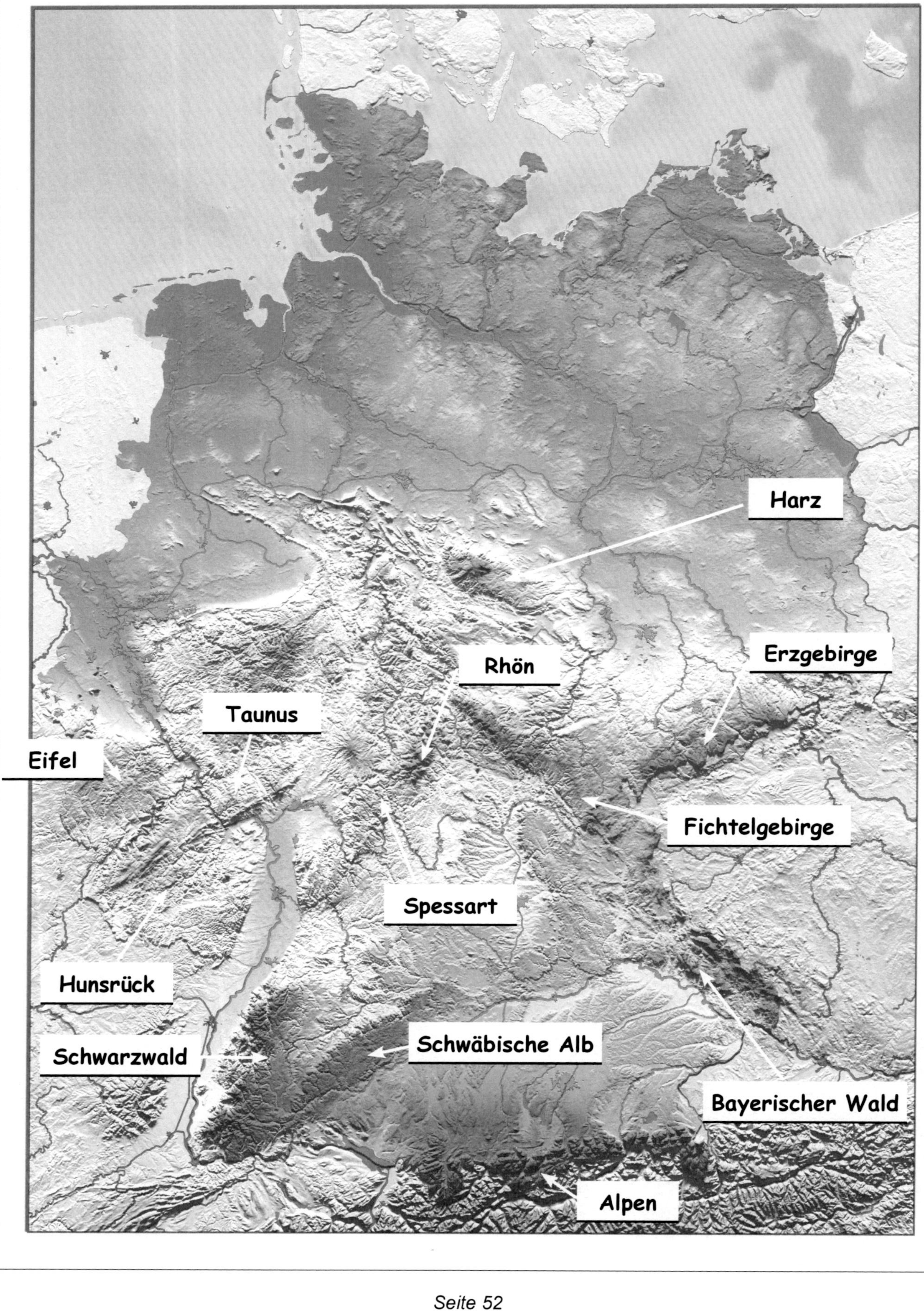

Stationenlernen Erdkunde / Klasse 5-6
Deutschland & Europa – Bestell-Nr. 12 328
KOHL VERLAG

Infoblatt

Europa „auf einen Blick“

Frage an die Schüler: Was weißt du über Europa?

„Europa ist der zweitkleinste Kontinent“ – „Europa geht bis zum Uralgebirge in Russland“ … So oder so ähnlich könnten die Antworten der Schüler lauten.

„Europa vom Atlantik zum Ural“.
Mit diesen Worten beschrieb General de Gaulle eine Zukunftsvision, die heute ein Ziel der praktischen Politik ist (trotz aller politischen Unterschiede).

Name: Der Name stammt von der phönizischen Königstochter Europa. Der verliebte Zeus entführte sie in Gestalt eines Stieres auf die Insel Kreta.

Kontinent: Der europäische Kontinent ist mit ca. 10,5 Mio. km² der zweitkleinste Kontinent der Erde.

Grenzen: Die natürlichen Grenzen sind im Norden und Westen der Atlantik und im Süden das Mittelmeer. Im Osten bildet das Uralgebirge und der Uralfluss bis hin zum Kaspischen Meer die Grenze zu Asien.

Fläche: Den flächenmäßig größten Anteil am europäischen Kontinent hat Russland mit knapp 4 Mio. km² (obwohl dies nur 23 % der über 17 Mio. km² Gesamtfläche des Landes sind).

5 Länder: Die flächenmäßig größten Länder in Europa (ohne Russland): Frankreich = 668.763 km² – Ukraine = 603.700 km² – Spanien = 504.645 km² – Schweden = 449.964 km² – Deutschland = 357.093 km².

Fläche Europa:	10.532.000 km²
Bevölkerung insgesamt:	742,6 Mio. (2018)
Staaten insgesamt:	Europa besteht aus 46 Staaten.
Küstenlänge:	Europa hat eine Küstenlänge von rund 117.000 km.

Klima: Europa liegt in der gemäßigten Zone. Zur gemäßigten Zone gehören alle Gebiete, in denen der wärmste Monat mindestens eine Mitteltemperatur von 10°C erreicht und in denen die Jahresmitteltemperatur 20°C nicht übersteigt. Typisch für die gemäßigte Zone sind die eindeutigen Jahreswechsel mit unterschiedlichen Temperaturen und Niederschlägen. Merkmale sind sommerliche Temperaturen von über 30°C und winterliche Temperaturen, die die Nullgradgrenze unterschreiten.[1]

Zeitzonen: Innerhalb Europas gehören die meisten Länder der Mitteleuropäischen Zeit (MEZ) an. Diese Zeit liegt eine Stunde vor der Greenwich Zeit.

[1] Aufgrund der Klimaveränderungen sind diese Angaben nur unter Vorbehalt bedeutsam.

Stationenlernen Erdkunde / Klasse 5-6
Deutschland & Europa – Bestell-Nr. 12 328
KOHL VERLAG

Infoblatt

Europa „auf einen Blick“

Nord-Süd-Ausdehnung: Die Entfernung zwischen Tarifa, Spanien – 36° n.B. und Nordkinn, Norwegen 71° n.B. beträgt ca. 3.800 km.

West-Ost-Ausdehnung: Von der Atlantikküste Portugals bis zum Uralgebirge in Russland sind es ca. 6.000 km.

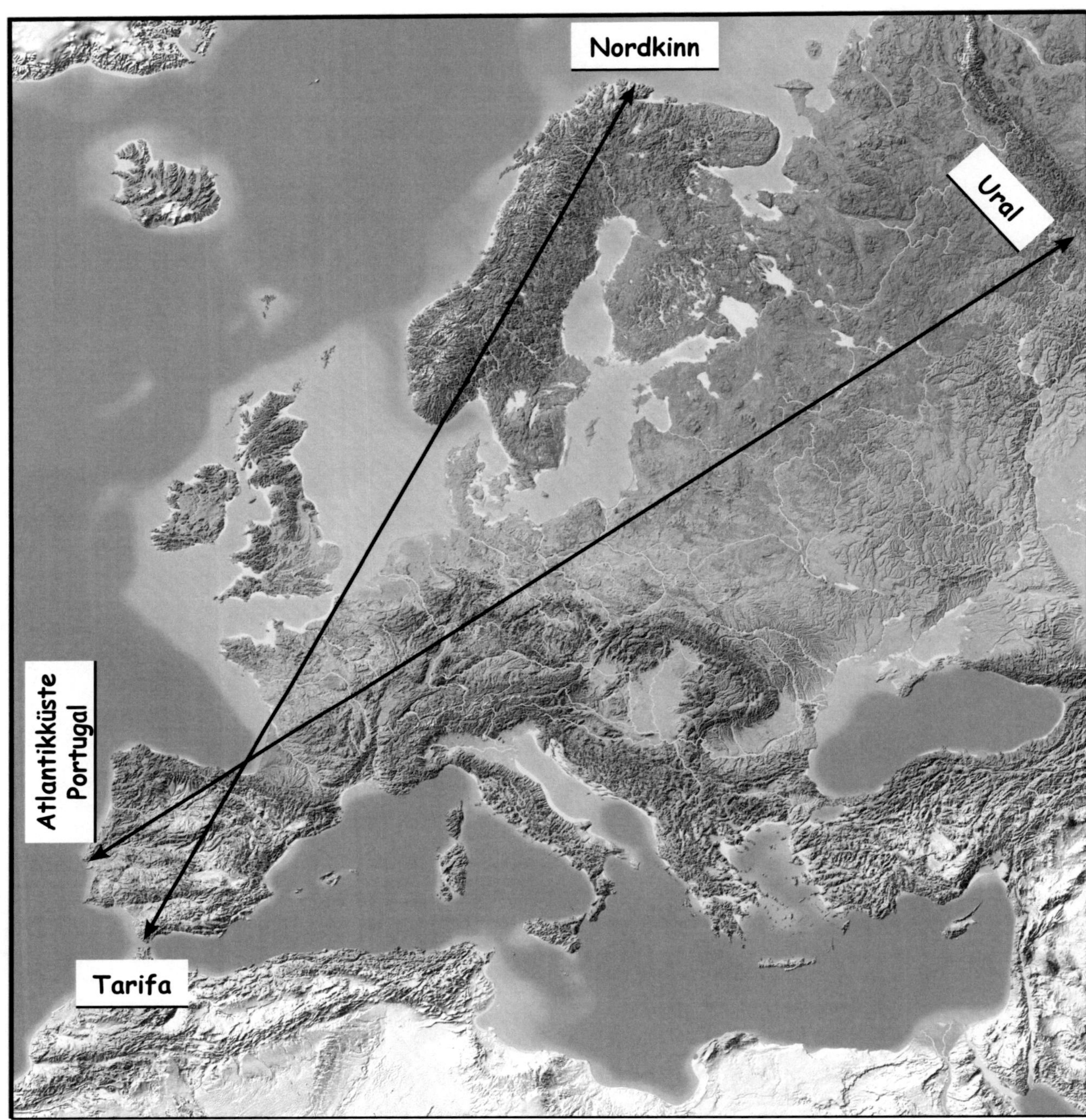

EU: Zum Vergleich: Die Gesamtfläche der 28 Mitgliedsstaaten der Europäischen Union (EU) – mit Großbritannien – liegt bei knapp 4,5 Mio. km², das ist weniger als die Hälfte Chinas (= 9,6 Mio. km²) oder der USA (= 9,8 Mio. km²).

Die Mitglieder der Europäischen Union (Deutschland, Portugal, Spanien, Italien, Frankreich, Belgien, Luxemburg, Niederlande, Österreich, Finnland, Irland, Estland, Slowenien, Slowakei, Zypern und Malta) haben sich der Währungsunion angeschlossen und den Euro (€) eingeführt. Es gibt aber auch Länder, die ihre eigene Währung behalten haben, z.B. Dänemark, Polen, Schweden, Tschechien, Ungarn und Großbritannien.

Stationenlernen Erdkunde / Klasse 5-6
Deutschland & Europa – Bestell-Nr. 12 328
KOHL VERLAG

Infoblatt

Staaten, Hauptstädte, Lage, Fläche, Einwohner

Damit es aufgrund der großen Anzahl europäischer Staaten nicht zu einem gedanklichen „Durcheinander“ kommt und die Schüler die Übersicht behalten, ist es sinnvoll, eine grobe Gliederung in Teileinheiten vorzunehmen, um den Schülern Hilfen an die Hand zu geben, sich zu merken, wo das jeweilige Land einzuordnen bzw. zu finden ist.

Staaten Europas – politische Gliederung[1]

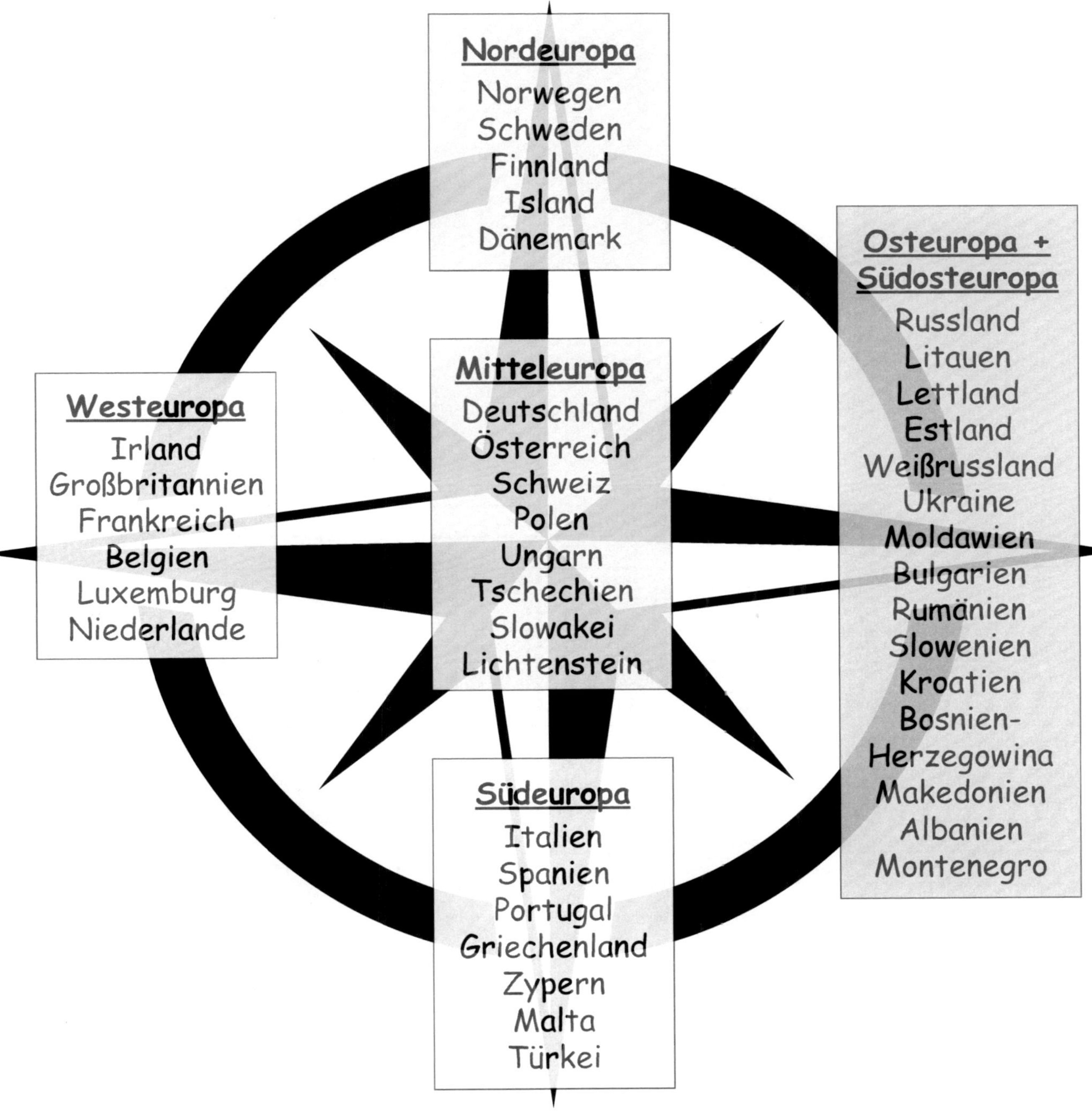

[1] In Anlehnung an *Europäische Teileinheiten* aus Brucker, A.: Das Tafelbild im Geographieunterricht (1989).

Stationenlernen Erdkunde / Klasse 5-6
Deutschland & Europa – Bestell-Nr. 12 328
KOHL VERLAG

Infoblatt

Staaten, Hauptstädte, Lage, Fläche, Einwohner

Europa im Überblick

Land	Fläche km²	Hauptstadt	Einwohner	Land	Fläche km²	Hauptstadt	Einwohner
Albanien	28.748	Tirana	624.600	Monaco	2	Monaco	36.300
Andorra	468	Andorra la Vella	22.200	Montenegro	13.812	Podgorica	143.700
Belgien	32.545	Brüssel	1.160.400	Niederlande	41.526	Amsterdam	799.300
Bosnien	51.129	Sarajevo	311.100	Norwegen	323.759	Oslo	613.200
Bulgarien	110.994	Sofia	1.204.600	Österreich	83.879	Wien	1.757.300
Dänemark	43.098	Kopenhagen	549.000	Polen	312.685	Warschau	1.711.300
Deutschland	357.121	Berlin	3.543.600	Portugal	92.345	Lissabon	545.200
Estland	45.227	Tallinn	417.100	Rumänien	238.391	Bukarest	1.677.900
Finnland	338.144	Helsinki	604.300	Russland	3.955.800	Moskau	11.510.500
Frankreich	543.965	Paris	2.243.800	Schweden	449.964	Stockholm	868.100
Griechenland	131.957	Athen	655.700	Schweiz	41.285	Bern	137.900
Irland	70.273	Dublin	527.600	Serbien	88.361	Belgrad	1.092.900
Island	103.000	Reykjavík	119.500	Slowakei	49.034	Bratislava	413.100
Italien	301.336	Rom	2.781.600	Slowenien	20.253	Ljubljana	278.600
Kosovo	10.867	Priština	198.900	Spanien	504.645	Madrid	3.198.600
Kroatien	56.542	Zagreb	790.000	Tschechien	78.866	Prag	1.246.700
Lettland	64.589	Riga	699.200	Türkei	23.384	Ankara	5.500.000
Liechtenstein	160	Vaduz	5.200	Ukraine	603.700	Kiew	2.816.500
Litauen	65.301	Vilnius	542.900	Ungarn	93.030	Budapest	1.733.600
Luxemburg	2.586	Luxemburg	103.600	Vatikanstadt	0,44	Vatikanstadt	836
Malta	316	Valletta	6.300	Vereinigtes Königreich	242.910	London	8.173.900
Mazedonien	25.713	Skopje	506.900	Weißrussland	207.595	Minsk	1.904.300
Moldawien	33.800	Kischinau	723.500	Zypern	9251	Nikosia	1.120.489

Europäische Union

Europa ist mehr als die EU. Häufig wird Europa mit der EU (Europäische Union = Wirtschafts- und Währungsgemeinschaft) gleichgesetzt. Europa besteht aber nicht nur aus den 28 EU-Staaten (noch mit Großbritannien), sondern aus 46 Staaten. Auch der westliche Teil von Eurasien, d.h. Teile von Russland und der Türkei gehören dazu.

Zum Vergleich
Europa besteht aus 46 Staaten mit einer Fläche von 10,18 Mio. km²,
die EU besteht aus 28 Staaten mit einer Fläche von 4,38 Mio. km².

Überblick

- 1957 wurde die EWG (Europäische Wirtschaftsgemeinschaft) gegründet. Gründungsmitglieder: Frankreich, BRD, Italien, Luxemburg, Belgien, Niederlande
- 1973 = 1. Erweiterung: Vereinigtes Königreich, Dänemark, Irland
- 1981 = 2. Erweiterung: Griechenland
- 1986 = 3. Erweiterung: Spanien, Portugal

Ab 1991 wird durch die Verträge von Maastricht aus der EG die EU (Europäische Union)

- 1995 = 4. Erweiterung: Finnland, Österreich, Schweden (Europa der „15")
- 2004 = 5. Erweiterung: Estland, Lettland, Litauen, Polen, Tschechien, Slowakei, Ungarn, Slowenien, Malta, Zypern
- 2007 = 6. Erweiterung: Rumänien, Bulgarien
- 2013 = 7. Erweiterung: Kroatien wurde der 28. Mitgliedsstaat.

EUROPÄISCHE UNION

POLEN

IRLAND

LITAUEN

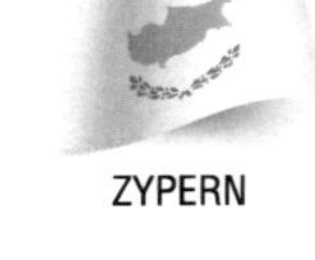
ZYPERN

ÖSTERREICH

GRIECHENLAND

BELGIEN

LUXEMBURG

KROATIEN

ESTLAND

ITALIEN

SLOWAKEI

MALTA

UNGARN

Stationenlernen Erdkunde / Klasse 5-6
Deutschland & Europa – Bestell-Nr. 12 328
KOHL VERLAG

Infoblatt

Europäische Union

EU Staat	Fläche km²	Hauptstadt	Einwohner
Frankreich	543.965	Paris	2.243.800
Deutschland	357.121	Berlin	3.543.600
Italien	301.336	Rom	2.781.600
Luxemburg	2.586	Luxemburg	103.600
Belgien	32.545	Brüssel	1.160.400
Niederlande	41.526	Amsterdam	799.300
Vereinigtes Königreich	242.910	London	8.173.900
Dänemark	43.098	Kopenhagen	549.000
Irland	70.273	Dublin	527.600
Griechenland	131.957	Athen	655.700
Portugal	92.345	Lissabon	545.200
Spanien	504.645	Madrid	3.198.600
Finnland	338.144	Helsinki	604.300
Österreich	83.879	Wien	1.757.300
Schweden	449.964	Stockholm	868.100
Estland	45.227	Tallinn	417.100
Lettland	64.589	Riga	699.200
Litauen	65.301	Vilnius	542.900
Polen	312.685	Warschau	1.711.300
Tschechien	78.866	Prag	1.246.700
Slowakei	49.034	Bratislava	413.100
Ungarn	93.030	Budapest	1.733.600
Slowenien	20.253	Ljubljana	278.600
Malta	316	Valletta	6.300
Zypern	9251	Nikosia	1.120.489
Bulgarien	110.994	Sofia	1.241.000
Rumänien	238.391	Bukarest	1.830.000
Kroatien	56.542	Zagreb	790.000

Stationenlernen Erdkunde / Klasse 5-6
Deutschland & Europa – Bestell-Nr. 12 328
KOHL VERLAG

Infoblatt

Gebirge und Berge in Europa

Wenn man von Gebirgen spricht, denken die meisten Schüler spontan an die Alpen und evtl. auch an seinen höchsten Berg – den Mont Blanc mit einer Höhe von 4.810 m. Es gibt aber noch weitere große Gebirge in Europa – Mittelgebirge und Hochgebirge.

Meistens sind es „Faltengebirge“, riesige Falten des Erdbodens, weil dort Kontinente über lange Zeit mit großer Kraft aneinanderstoßen. Die meisten Hochgebirge der Welt sind solche Faltengebirge, so der Himalaya in Asien, die Anden in Südamerika oder auch die Alpen in Europa.

Wichtige „tertiäre“[1] Faltengebirge[2] in Europa:

- Alpen (im Inneren Europas)
- Pyrenäen (Grenze zwischen Frankreich und Spanien)
- Karpaten (Osteuropa und Südosteuropa – Slowakai, Ukraine, Rumänien, Serbien)
- Sierra Nevada (Süden Spaniens)
- Balkan (Südosteuropa - Bulgarien, Serbien)
- Apenninen (Italien)
- Dinarisches Gebirge (Balkanhalbinsel)

Der Ural liegt weit im Osten von Europa, die Pyrenäen befinden sich am anderen Ende.
Die meisten Gebirge befinden sich in Süd- und Südosteuropa.

Die höchsten Berge in Europa

Hierbei beschränke ich mich auf die Berge, deren geographische Lage eindeutig dem europäischen Kontinent zuzuordnen ist (beim Kaukasus ist die Zuordnung umstritten).

Berg	Höhe in m	Gebirge	Land
Mont Blanc	4.810 m	Alpen	Frankreich, Italien
Dufourspitze	4.634 m	Alpen	Schweiz
Zumsteinspitze	4.563 m	Alpen	Schweiz, Italien
Signalkuppe	4.559 m	Alpen	Schweiz, Italien
Dom	4.545 m	Alpen	Schweiz
Zum Vergleich: Höchster deutscher Berg: Zugspitze = 2.962 m			

Mont Blanc

Dufourspitze

[1] Das *Tertiär* (Erdzeitalter: Von 65 Millionen Jahren bis rund 2,6 Millionen Jahren vor heute).
[2] *Faltengebirge* entstehen, wenn mindestens zwei Platten der Erdkruste gegeneinander verschoben werden, was dazu führt, dass diese unter enormem Druck aufgefaltet und empor gedrückt werden.

Stationenlernen Erdkunde / Klasse 5-6
Deutschland & Europa – Bestell-Nr. 12 328
KOHL VERLAG

Infoblatt

Gebirge und Berge in Europa

Gebirge in Europa – Übersicht

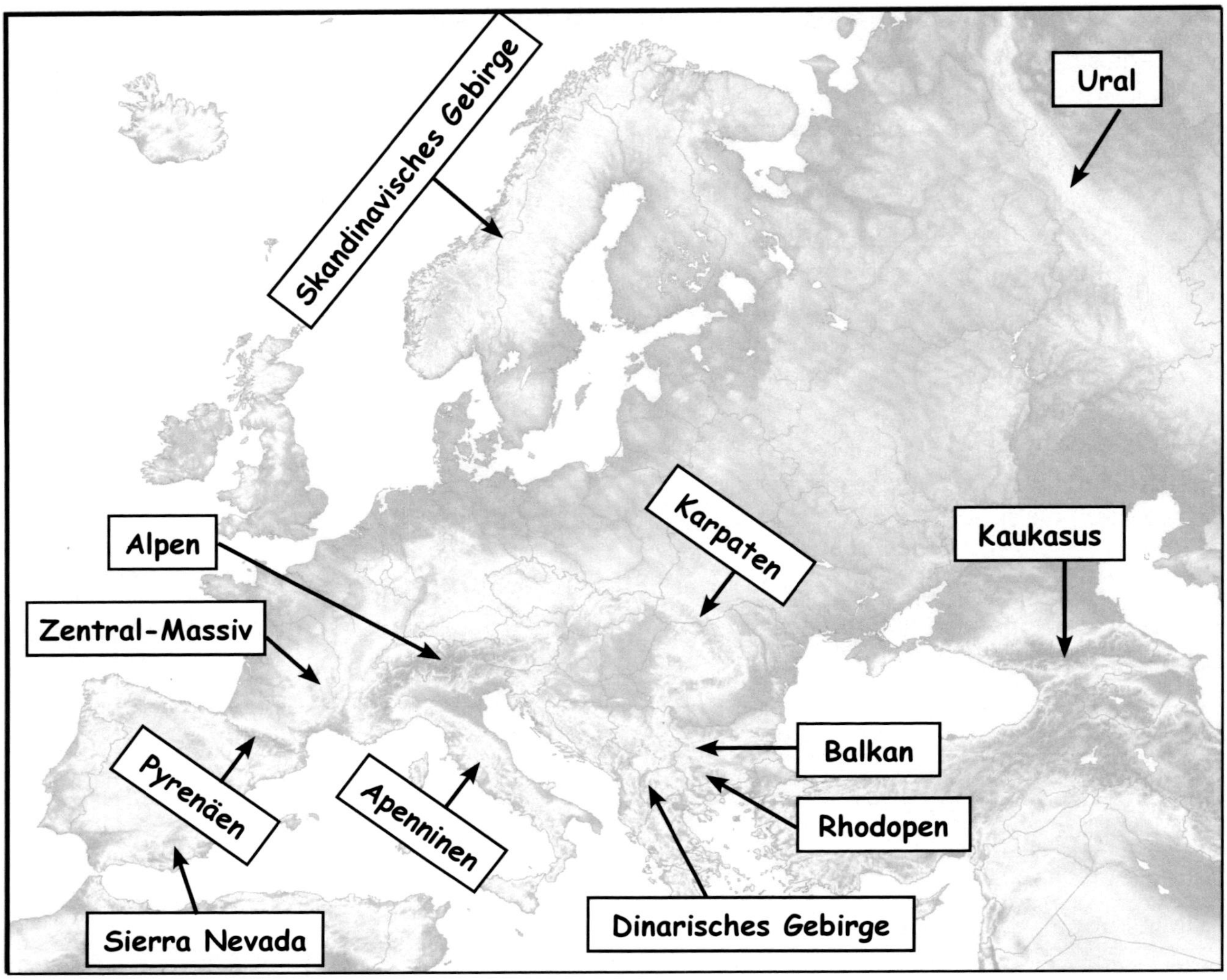

Skandinavisches Gebirge
Ural
Karpaten
Kaukasus
Alpen
Zentral-Massiv
Pyrenäen
Apenninen
Balkan
Rhodopen
Sierra Nevada
Dinarisches Gebirge

Sierra Nevada

Stationenlernen Erdkunde / Klasse 5-6
Deutschland & Europa – Bestell-Nr. 12 328
KOHL VERLAG

Infoblatt

Flüsse und Seen in Europa

Europa ist reich an Flüssen und Seen. Der längste Fluss Europas ist die Wolga mit 3.531 km, sie mündet in das Kaspische Meer. Die Donau ist der zweitlängste Fluss und hat eine Länge von 2.850 km. Sie mündet ins Schwarze Meer. Dabei ist besonders beachtenswert, dass die Donau als einziger Fluss auf der Erde 10 Länder durchfließt: Deutschland, Österreich, Slowakei, Ungarn, Kroatien, Serbien, Rumänien, Bulgarien, Moldawien und die Ukraine.

- Elbe, Rhein und Themse münden in die Nordsee.
- Weichsel und Oder münden in die Ostsee.
- Loire, Duero und Tajo münden in den offenen Atlantischen Ozean.

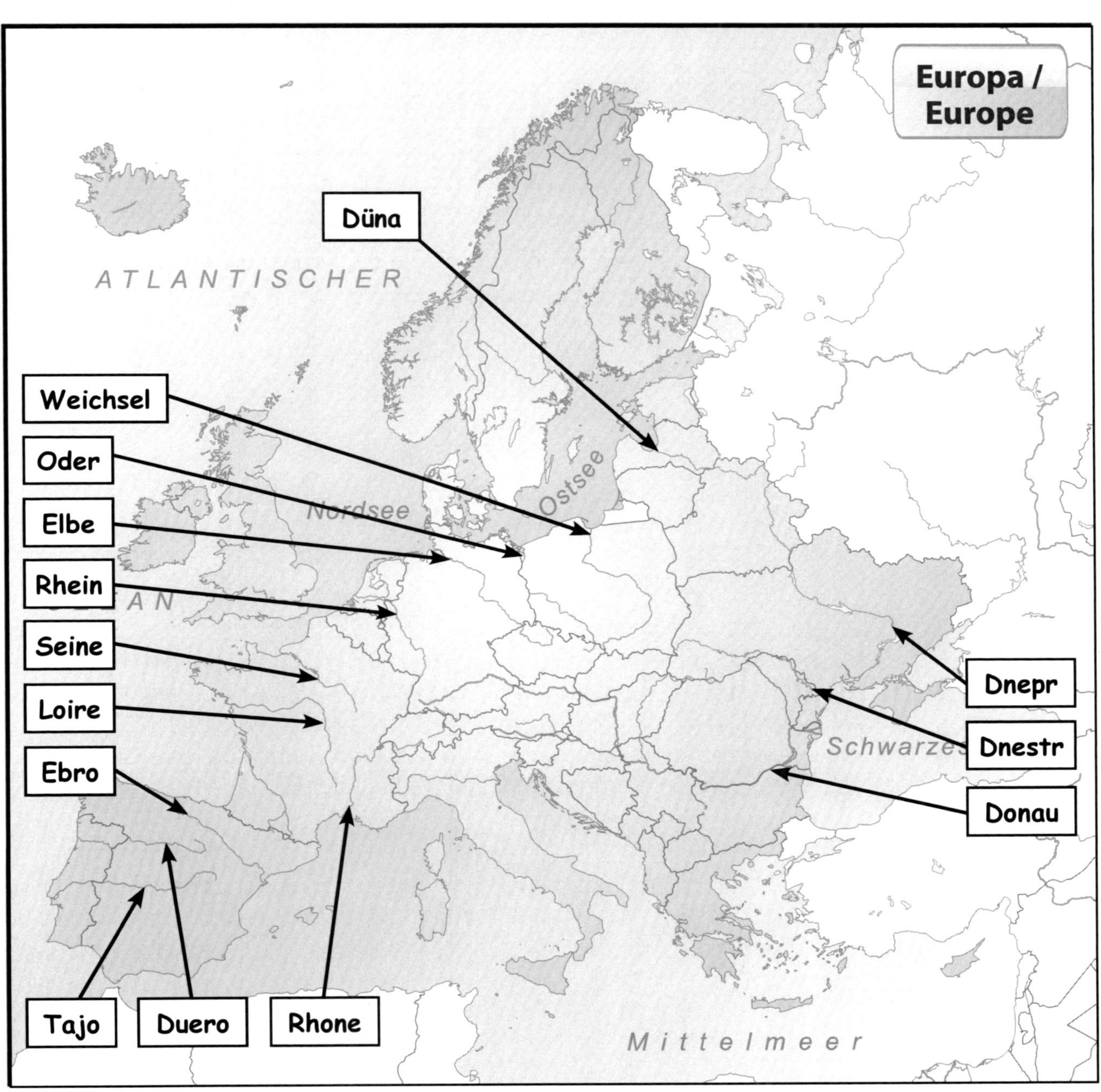

Stationenlernen Erdkunde / Klasse 5-6
Deutschland & Europa – Bestell-Nr. 12 328
KOHL VERLAG

Infoblatt

Flüsse und Seen in Europa

Flüsse in Europa nach Länge angeordnet

	Fluss	km	Mündet in		Fluss	km	Mündet in
1	Wolga	3530	Kaspisches Meer	**12**	Tajo	1007	Atlantik
2	Donau	2845	Schwarzes Meer	**13**	Loire	1004	Atlantik
3	Dnepr	2285	Schwarzes Meer	**14**	Memel	937	Ostsee
4	Don	1870	Asowsches Meer	**15**	Ebro	910	Mittelmeer
5	Petschora	1802	Petschorasee	**16**	Duero	897	Atlantik
6	Dnestr	1352	Schwarzes Meer	**17**	Maas	874	Nordsee
7	Rhein	1233	Nordsee	**18**	Oder	866	Ostsee
8	Elbe	1094	Nordsee	**19**	Südlicher Bug	857	Schwarzes Meer
9	Weichsel	1047	Ostsee	**20**	Rhone	812	Mittelmeer
10	Oder mit Warthe	1045	Ostsee	**21**	Seine	777	Ärmelkanal
11	Düna	1020	Ostsee	**22**	Weser mit Werra	752	Nordsee

Im Norden Europas gibt es besonders viele Seen. Ladoga- und Onegasee sind die größten.

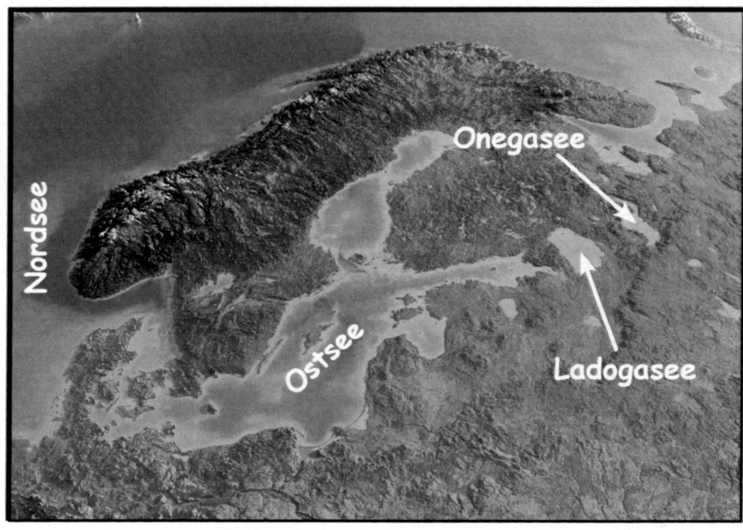

Im Alpengebiet gibt es viele eiszeitlich entstandene Seen, z.B. den Bodensee, den Genfer See, den Vierwaldstätter See und den Gardasee. In Ungarn liegt der Plattensee.

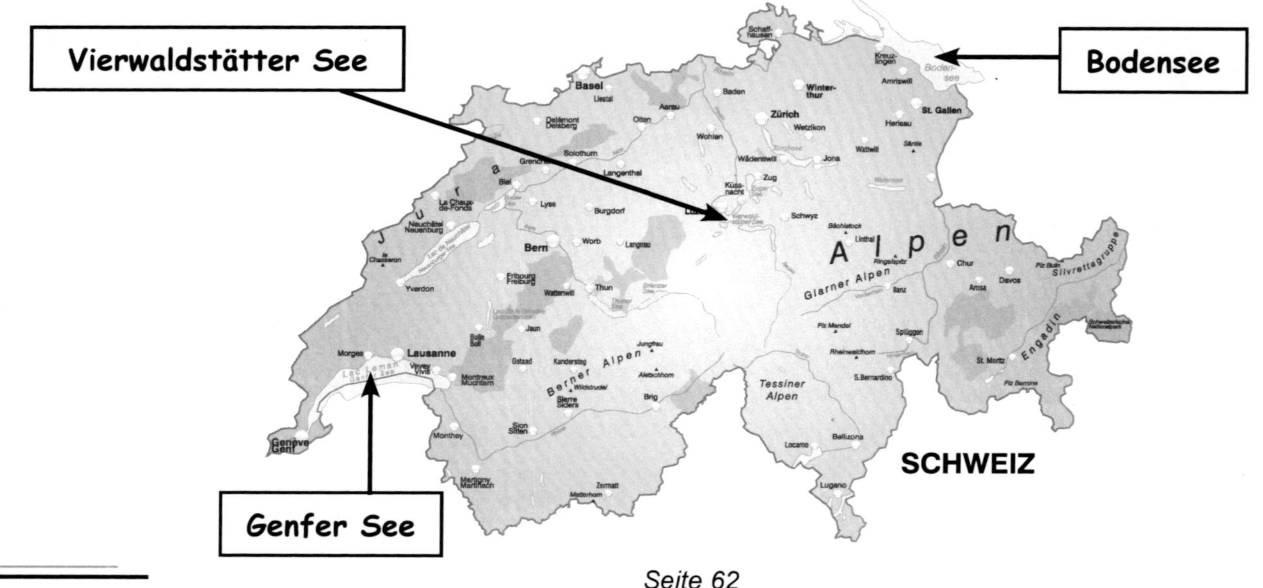

Stationenlernen Erdkunde / Klasse 5-6
Deutschland & Europa – Bestell-Nr. 12 328
KOHL VERLAG

Station

! ✶

Europa im Überblick

Europa „auf einen Blick“

Aufgabe 1: *Verbinde Begriffe mit Zahlen, die Buchstaben ergeben die Lösung („in der Mitte“).*

Lösung:

1	Europa Fläche	…	R	4,5 Mio. km
2	Europa Einwohner		E	3.800 km
3	Europa Küstenlänge		P	117.000 km
4	Nord-Süd-Ausdehnung		A	4,0 Mio. km²
5	West-Ost Ausdehnung		A	10,5 Mio. km²
6	Fläche EU-Staaten		U	668.763 km²
7	Russland Fläche in Europa		N	6.000 km²
8	Frankreich Fläche		M	357.093 km²
9	Deutschland Fläche		L	742,6 Mio.

Aufgabe 2: *Schreibe die Staaten neben die Zahlen. Die Hauptstädte helfen dir.*

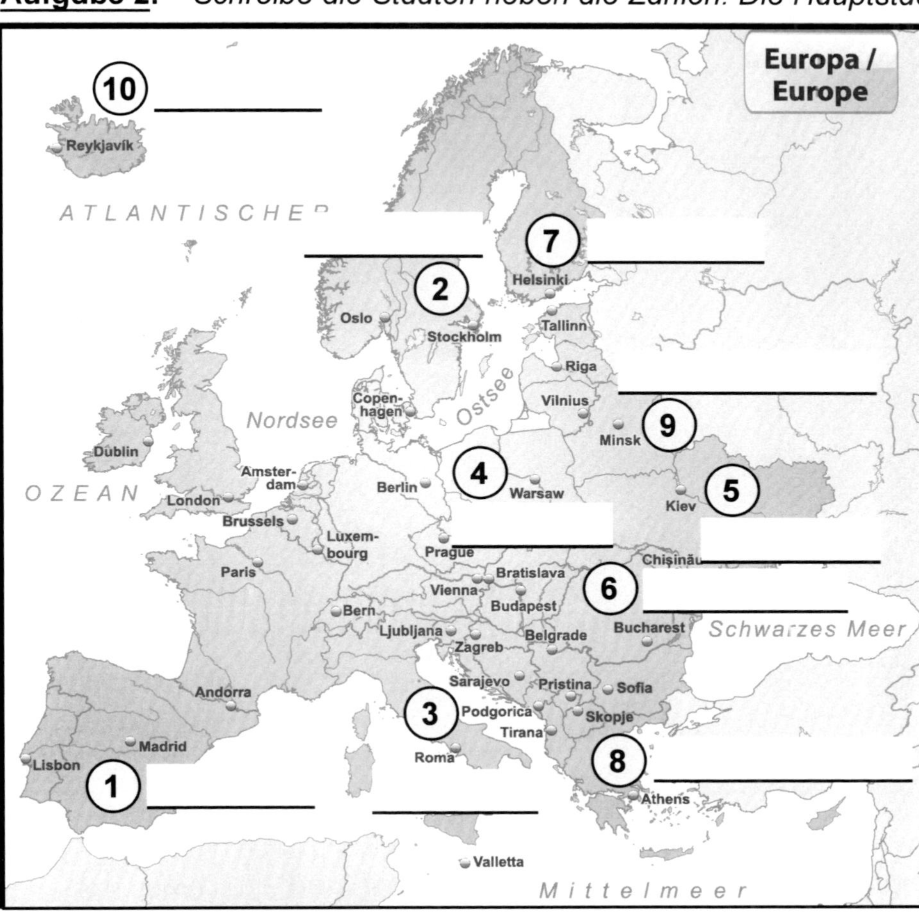

Aufgabe 3: *Welche Länder grenzen an Polen?*

Aufgabe 4: *Welche Länder sind hier abgebildet?*

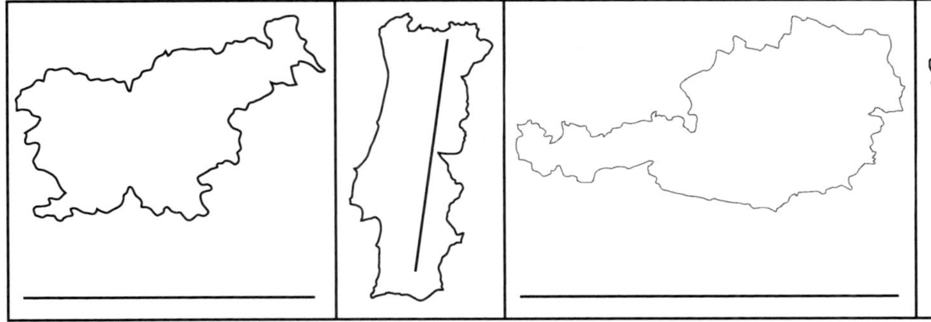

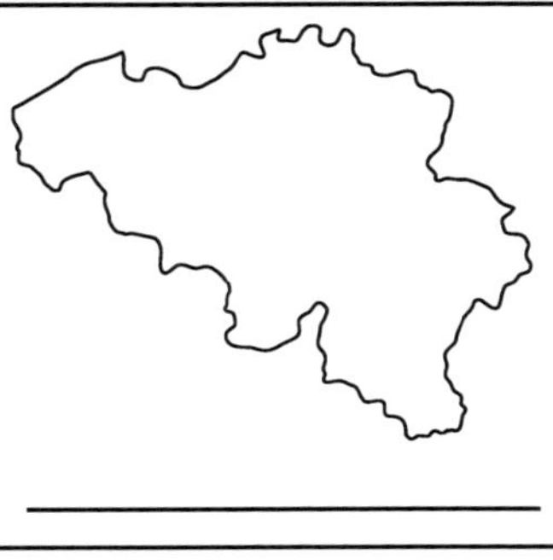

Station

! ✶

Europa im Überblick

Lösungen

Europa „auf einen Blick“

Aufgabe 1: Lösungsword: **ALPENRAUM**

Aufgabe 2:

Europa / Europe

10 Island
2 Schweden
7 Finnland
9 Weißrussland
4 Polen
5 Ukraine
6 Rumänien
3 Italien
8 Griechenland
1 Spanien

Reykjavík, Oslo, Stockholm, Helsinki, Tallinn, Riga, Vilnius, Minsk, Copenhagen, Dublin, London, Amsterdam, Brussels, Luxembourg, Paris, Berlin, Warsaw, Kiev, Prague, Chişinău, Bratislava, Vienna, Budapest, Bern, Ljubljana, Zagreb, Belgrade, Bucharest, Sarajevo, Pristina, Sofia, Podgorica, Skopje, Tirana, Andorra, Madrid, Lisbon, Roma, Athens, Valletta

ATLANTISCHER OZEAN, Nordsee, Ostsee, Schwarzes Meer, Mittelmeer

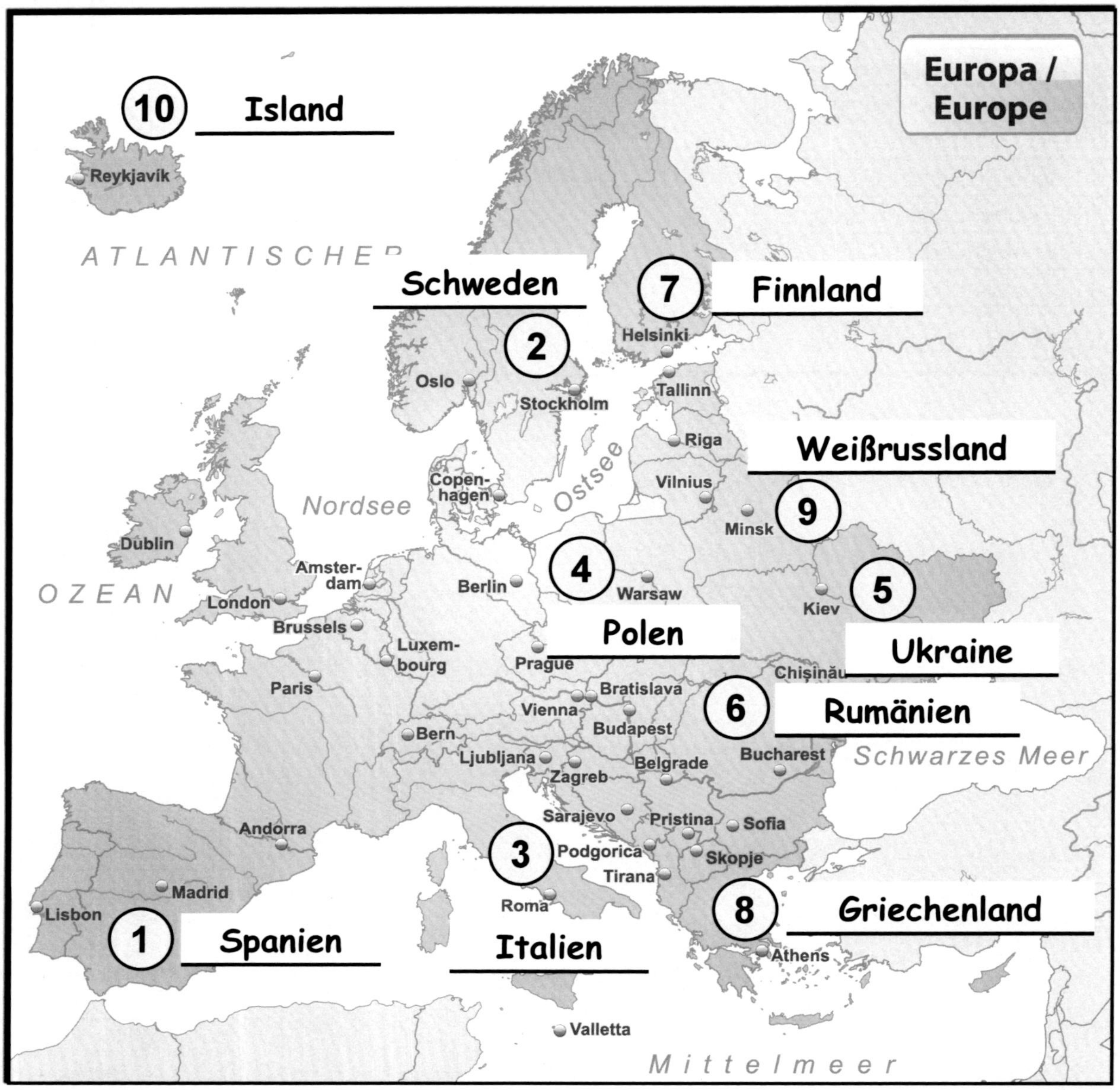

Aufgabe 3:

Deutschland – Tschechien – Slowakei – Ukraine – Weißrussland – Litauen

Aufgabe 4:

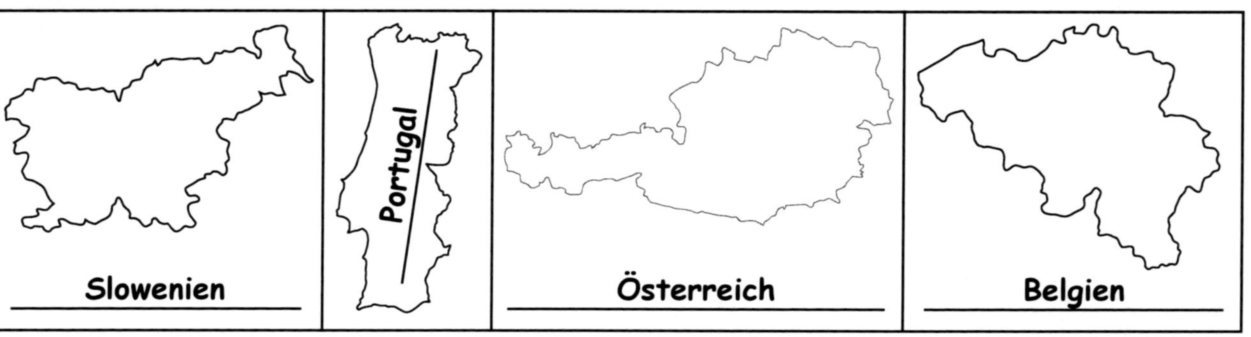

Station ! ✶

Europa im Überblick

Staaten, Hauptstädte, Lage, Fläche, Einwohner

Aufgabe 1: *Schreibe die Stadt mit diesem Wahrzeichen auf.*

Aufgabe 2: *Vervollständige die Tabelle passend.*

Land	Fläche in km²	Hauptstadt	Fluss, an dem die Hauptstadt liegt
Italien			Tiber
Portugal			Tajo
	83.879		Donau
Ukraine	603.700		
	56.542	Zagreb	
	543.965		Seine

Aufgabe 3: *Ordne die Staaten Nordeuropas nach ihrer Fläche und schreibe diese daneben.*

Aufgabe 4: *Nenne jeweils den Teil von Europa und die erkennbaren Länder.*

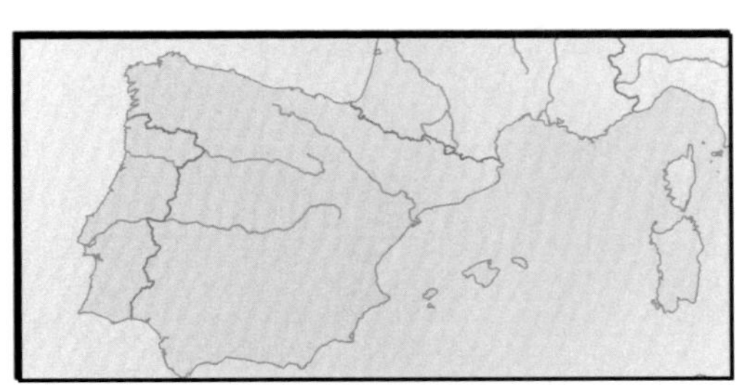

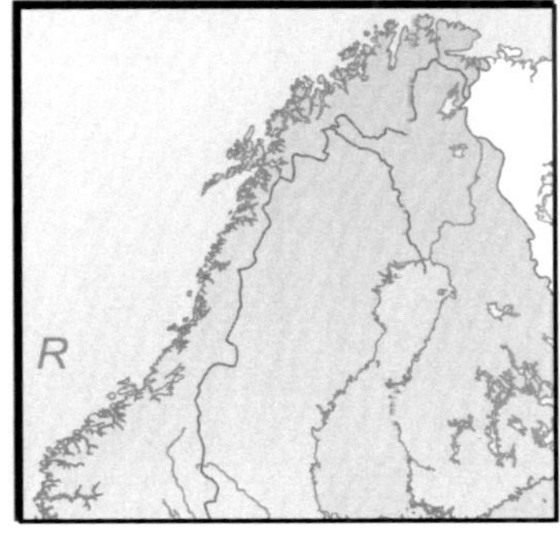

Stationenlernen Erdkunde / Klasse 5-6
Deutschland & Europa – Bestell-Nr. 12 328

Station

! ✶

Europa im Überblick

Lösungen

Staaten, Hauptstädte, Lage, Fläche, Einwohner

Aufgabe 1:

Paris

Helsinki

Amsterdam

Kiew

Rom

London

Aufgabe 2:

Land	Fläche in km²	Hauptstadt	Fluss, an dem die Hauptstadt liegt
Italien	**301.336**	**Rom**	Tiber
Portugal	**92.345**	**Lissabon**	Tajo
Österreich	83.879	**Wien**	Donau
Ukraine	603.700	**Kiew**	**Dnjepr**
Kroatien	56.542	Zagreb	**Save**
Frankreich	543.965	**Paris**	Seine

Aufgabe 3:

1. Schweden: 449.964 **2. Finnland: 338.144** **3. Norwegen: 323.759**
4. Island: 103.000 **5. Dänemark: 43.098**

Aufgabe 4:

Südeuropa:

Portugal
Spanien Italien
Frankreich

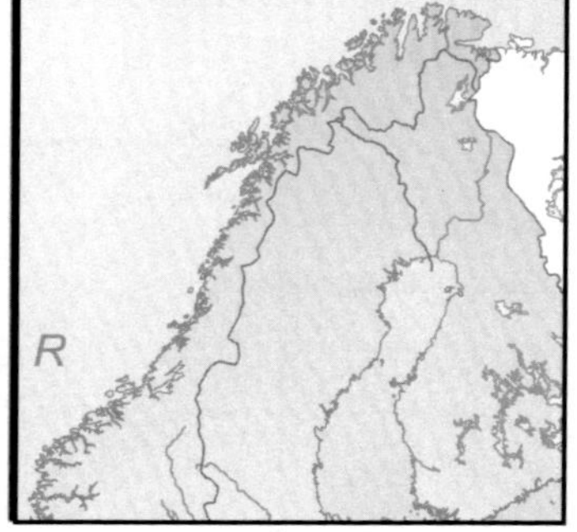

Nordeuropa:

Norwegen
Schweden
Finnland

Ost- und Südosteuropa:

Ukraine
Rumänien
Bulgarien

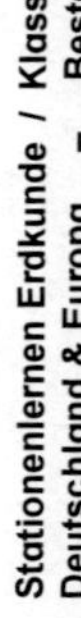

Station ⊙ ✶

Europa im Überblick

Europäische Union

Aufgabe 1: *Ergänze die Staaten der EU bzw. die Hauptstädte.*

Staat	Hauptstadt	Staat	Hauptstadt
Frankreich	Paris		Athen
Niederlande		Portugal	
	London	Deutschland	Berlin
Tschechien			Madrid
	Bratislava	Kroatien	
Estland			Helsinki
	Budapest	Dänemark	
Polen			Rom
	Ljubljana	Litauen	
Zypern	Nikosia		Luxemburg
Belgien		Österreich	
	Bukarest		Stockholm
Irland		Lettland	
	Valetta		Sofia

Aufgabe 2: *Schreibe in die Kästen die Namen der Gründungsmitglieder und kreuze die im Jahr 2007 hinzugekommenen Länder an.*

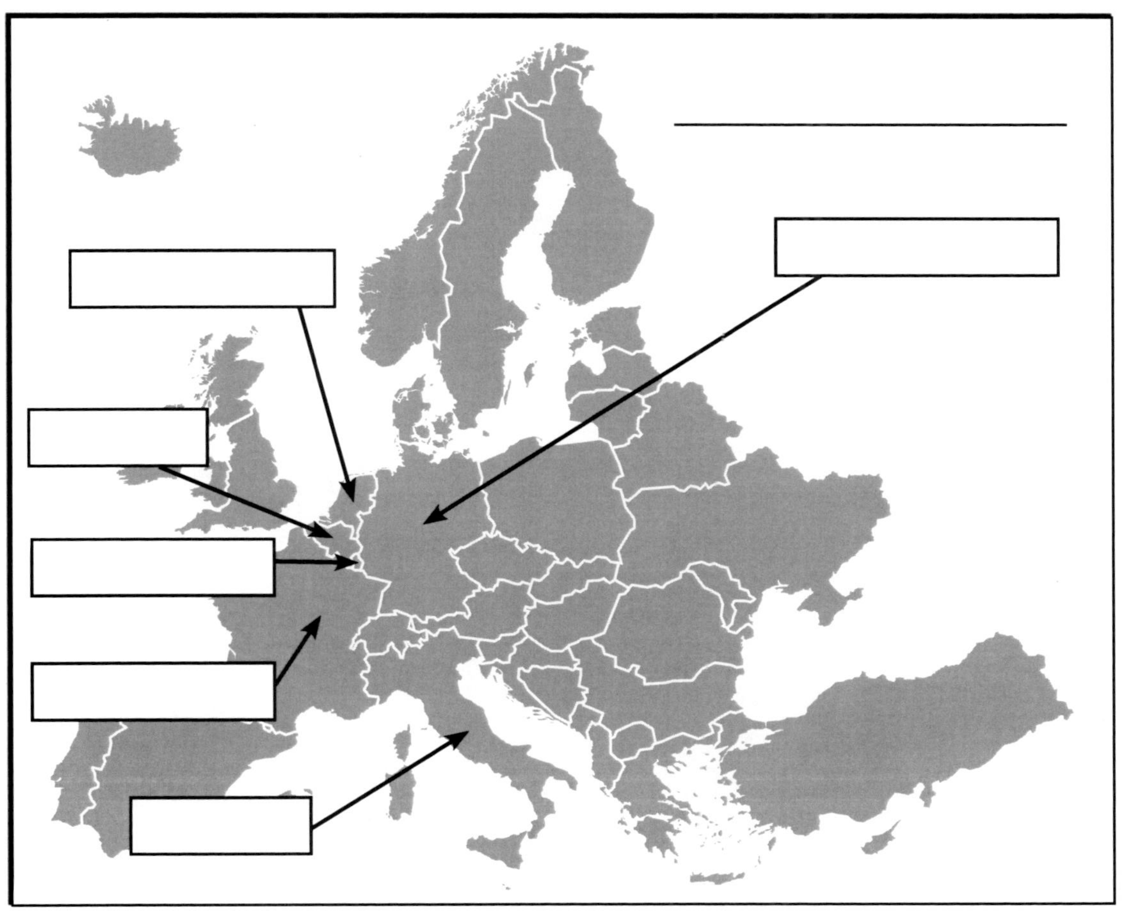

Stationenlernen Erdkunde / Klasse 5-6
Deutschland & Europa – Bestell-Nr. 12 328

Station

Europa im Überblick

Lösungen

Europäische Union

Aufgabe 1:

Staat	Hauptstadt	Staat	Hauptstadt
Frankreich	Paris	**Griechenland**	Athen
Niederlande	**Amsterdam**	Portugal	**Lissabon**
Vereinigtes Königreich	London	Deutschland	Berlin
Tschechien	**Prag**	**Spanien**	Madrid
Slowakei	Bratislava	Kroatien	**Zagreb**
Estland	**Tallinn**	**Finnland**	Helsinki
Ungarn	Budapest	Dänemark	**Kopenhagen**
Polen	**Warschau**	**Italien**	Rom
Slowenien	Ljubljana	Litauen	**Vilnius**
Zypern	Nikosia	**Luxemburg**	Luxemburg
Belgien	**Brüssel**	Österreich	**Wien**
Rumänien	Bukarest	**Schweden**	Stockholm
Irland	**Dublin**	Lettland	**Riga**
Zypern	Valetta	**Bulgarien**	Sofia

Aufgabe 2:

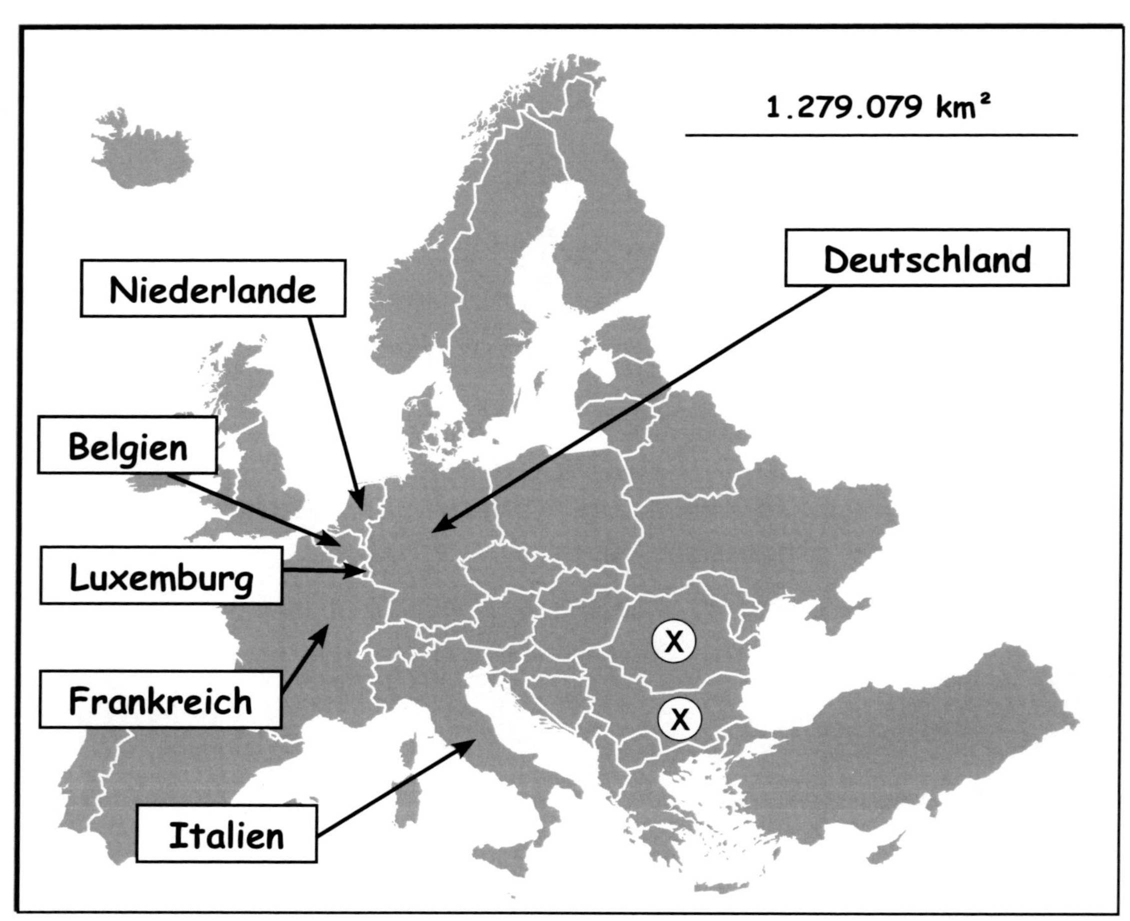

Stationenlernen Erdkunde / Klasse 5-6 – Deutschland & Europa – Bestell-Nr. 12 328
KOHL VERLAG

Station

! ✶

Europa im Überblick

Gebirge und Berge in Europa

Aufgabe 1: *Verbinde sinnvoll, die Buchstaben ergeben ein Wort. („Macht dort Spaß“)*

Lösung:

K

1	4.810 m	○	○	T	Schweiz
2	Apenninen	○	○	E	Italien
3	Dufourspitze	○	○	T	Im Osten Europas
4	Ural	○	○	L	Mont Blanc
5	Pyrenäen	○	○	R	Adriatisches Meer
6	Dinarisches Gebirge	○	○	N	Ural
7	Jekaterinburg	○	○	E	Grenze Frankreich-Spanien

Aufgabe 2: *Schreibe die Gebirge neben die Zahlen.*

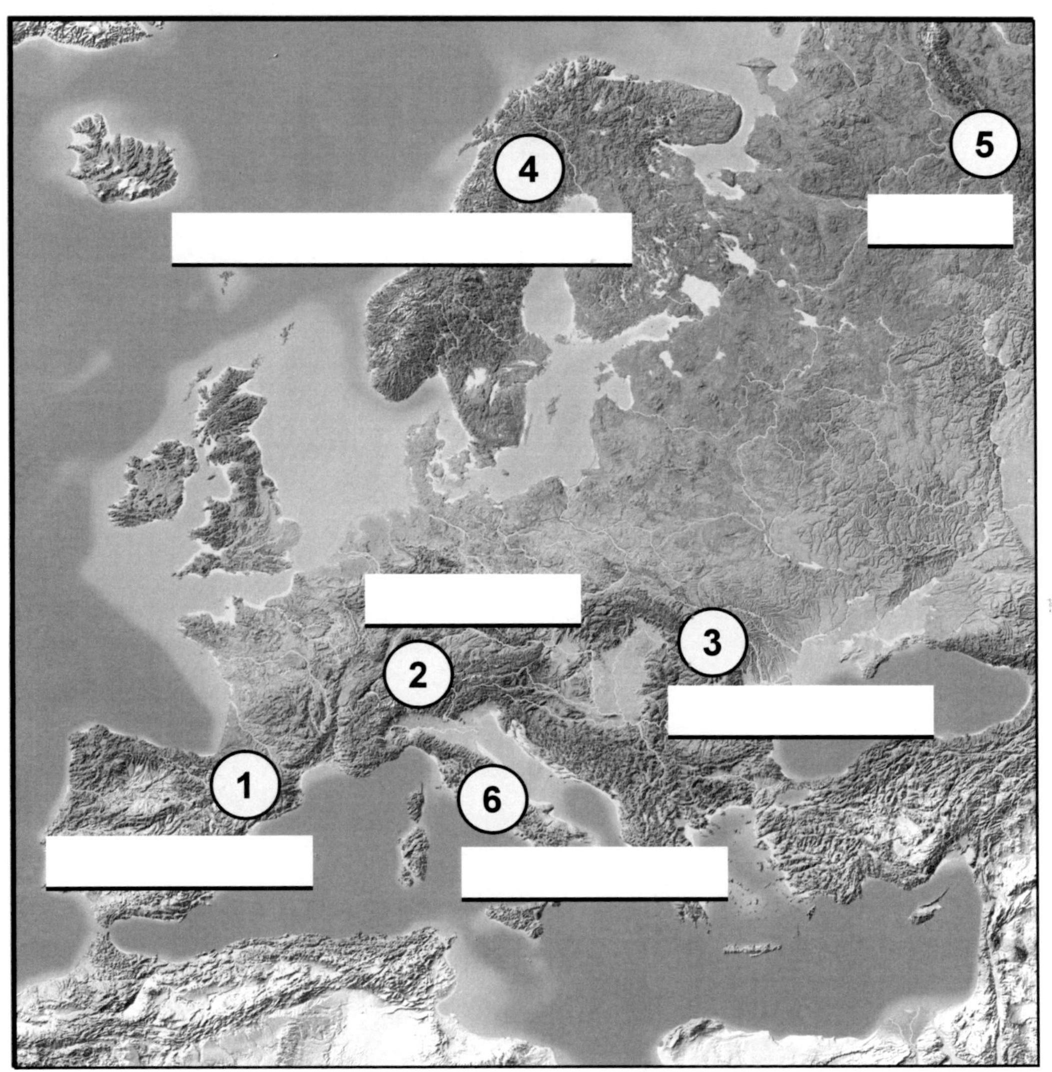

Aufgabe 3: *Mache aus der Höhe der Berge ein Säulendiagramm. Nimm die gerundeten Werte.*

Zugspitze = 2.962 m (3000), Mont Blanc = 4.810 m (4900), Feldberg im Schwarzwald = 1.493 m (1.500), Dufourspitze = 4.634 m (4.600), Mount Everest = 8.848 m (8.800).

1 cm ≙ 1000 m, Säulenbreite = 1 cm, Säulenabstand = 1 cm

Stationenlernen Erdkunde / Klasse 5-6
Deutschland & Europa – Bestell-Nr. 12 328
KOHL VERLAG

Station

! ✶

Europa im Überblick

Lösungen

Gebirge und Berge in Europa

Aufgabe 1: Lösungswort: **KLETTERN**

Aufgabe 2:

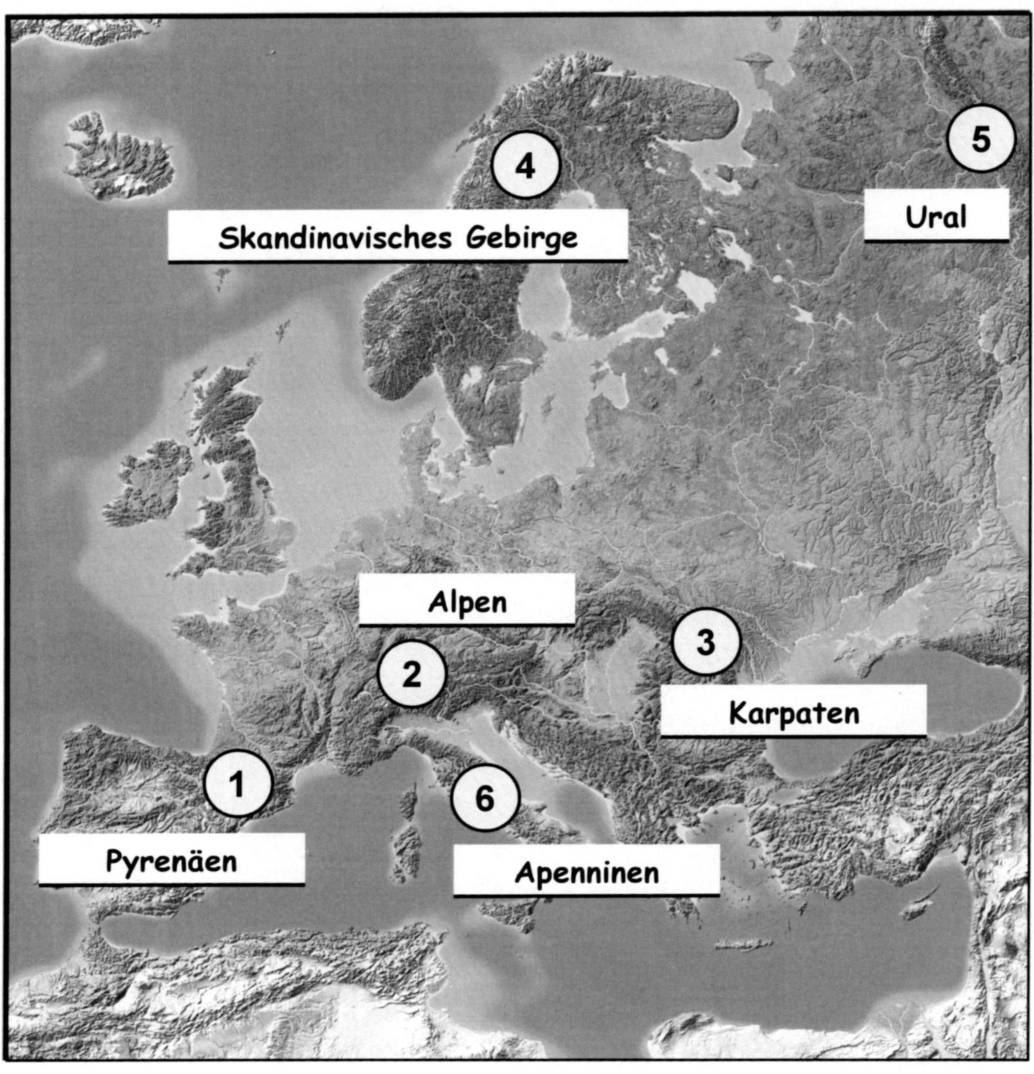

Aufgabe 3:

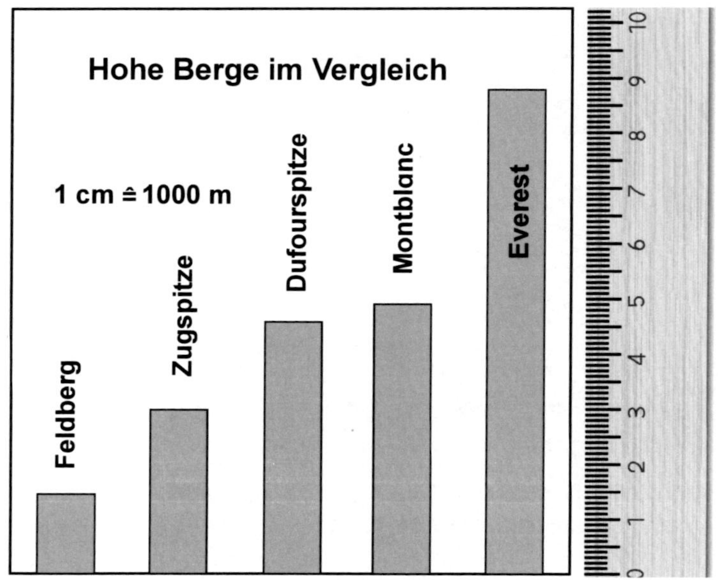

KOHL VERLAG Stationenlernen Erdkunde / Klasse 5-6 Deutschland & Europa – Bestell-Nr. 12 328

Station ✶

Flüsse und Seen in Europa

Aufgabe 1: *Finde die Flüsse.* **a)**

Hat eine Gesamtlänge von 2.845 km	
Mündet bei Stettin in die Ostsee	
Hat eine Gesamtlänge von 1.094 km	
Durchfließt 10 Länder	
Mündet bei Riga in die Ostsee	
Entspringt im Schwarzwald, mündet im Schwarzen Meer	
Mündet bei Porto in den Atlantik	
Mündet bei Hamburg in die Nordsee	

b)

Lissabon	
Wien	
Düsseldorf	
Riga	
Saragossa	
Warschau	
Belgrad	
Rostow	
Budapest	
Astrachan	

Aufgabe 2: *Ergänze die Tabelle.*

Fluss	Stadt an diesem Fluss	Mündet in
Dnjepr		
Donau		
Loire		
Wolga	Wolgograd, Samara, Kasan	
Duero		
Düna		
Rhone		
Don	Rostow	
Weichsel		

Aufgabe 3: *Erkenne die Flüsse.*

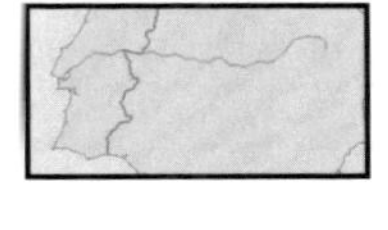

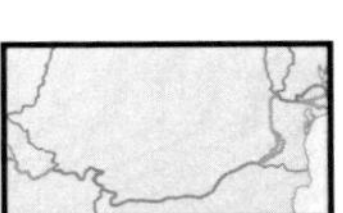

Aufgabe 4: *Trage die Namen der Flüsse ein.*

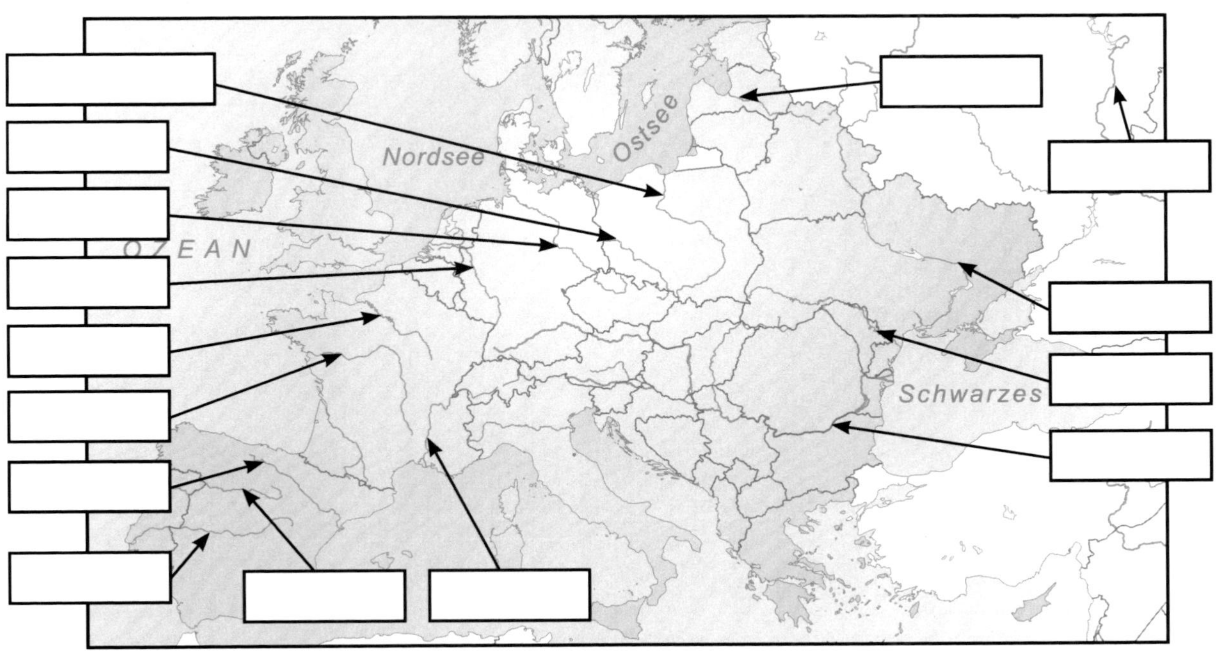

Stationenlernen Erdkunde / Klasse 5-6
Deutschland & Europa – Bestell-Nr. 12 328
KOHL VERLAG

Station 

Europa im Überblick

Lösungen

Flüsse und Seen in Europa

Aufgabe 1: a)

Hat eine Gesamtlänge von 2.845 km	**Donau**
Mündet bei Stettin in die Ostsee	**Oder**
Hat eine Gesamtlänge von 1.094 km	**Elbe**
Durchfließt 10 Länder	**Donau**
Mündet bei Riga in die Ostsee	**Düna**
Entspringt im Schwarzwald, mündet im Schwarzen Meer	**Donau**
Mündet bei Porto in den Atlantik	**Douro**
Mündet bei Hamburg in die Nordsee	**Elbe**

b)

Lissabon	**Tajo**
Wien	**Donau**
Düsseldorf	**Rhein**
Riga	**Düna**
Saragossa	**Ebro**
Warschau	**Weichsel**
Belgrad	**Donau**
Rostow	**Don**
Budapest	**Donau**
Astrachan	**Wolga**

Aufgabe 2:

Fluss	Stadt an diesem Fluss	Mündet in
Dnjepr	**Kiew**	**Schwarzes Meer**
Donau	**Wien, Budapest, Belgrad**	**Schwarzes Meer**
Loire	**Nantes**	**Atlantik**
Wolga	Wolgograd, Samara, Kasan	**Kaspisches Meer**
Duero	**Porto**	**Atlantik**
Düna	**Riga**	**Ostsee**
Rhone	**Marseille**	**Mittelmeer**
Don	Rostow	**Asowsches/ Schwarzes Meer**
Weichsel	**Warschau**	**Ostsee**

Aufgabe 3:

Tajo

Elbe

Weichsel

Donau

Aufgabe 4:

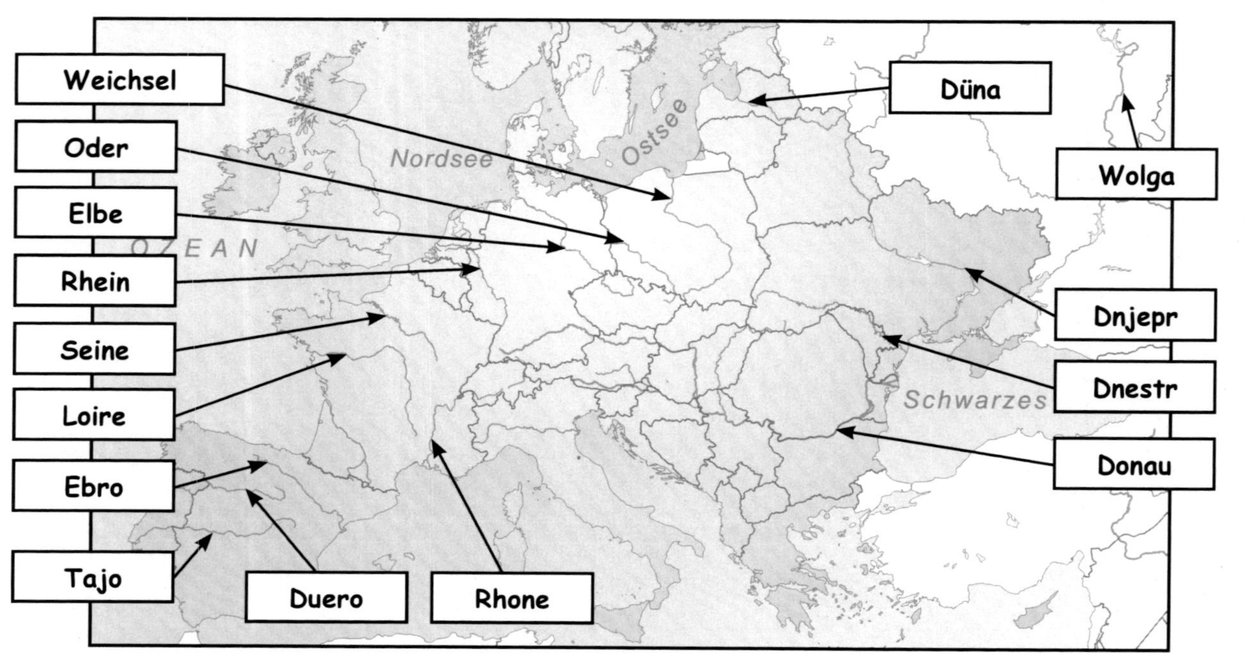

KOHL VERLAG Stationenlernen Erdkunde / Klasse 5-6 Deutschland & Europa – Bestell-Nr. 12 328